映画論叢㊿④

ガン・ファイター

国書刊行会

映画論叢㊹もくじ

『大脱獄』のカーク・ダグラス

ミスタンゲット（1917）

早野凡平

表紙写真：『四人の無頼漢』のオーディ・マーフィ

扉写真：（上）『静かなアメリカ人』のオーディ・マーフィ。マイケル・レッドグレイブ、ジョルジア・モルと
（下）『ガン・ファイター』のカーク・ダグラス

追悼　カーク・ダグラス
真の〝リベラル〟だった男

瀬戸川宗太

カーク・ダグラスが、今年2月5日に103歳で亡くなった。同訃報を公にしたのが、既に75歳になる息子の俳優マイケル・ダグラスだったせいか、はるか昔のスターと思い込む日本人が多かったようである。一方、往年の映画ファンには、ハリウッド黄金時代の終焉を告げる実に悲しい知らせだった。

近年で言えば、ロバート・ボーンやロジャー・ムーア等、高齢でも80代で他界するのが普通だったから、103歳は大往生といっていい。つまり、銀幕大スター最後の世代に属する男優の死であって、テレビシリーズで名の売れたボーンやムーアとは本質的に異なる。我が国のマスコミには、そのあたりの事情がどうもピンとこなかったようだ。

そのため、新聞の死亡記事など、ファンをガッカリさせるものが目立った。全国紙でいえば、読売、産経が比較的ていねいに報じた以外は、地方紙の東京が詳細な記事を掲載したのが目につくていど。朝日、毎日は、日ごろ映画報道に熱心なわりに、なぜかぞんざいなあつかいだった。

それにしても、各紙が取り上げる代表作が、『チャンピオン』(49)『炎の人ゴッホ』(56)『突撃』(57)『OK牧場の決斗』(57)『スパルタカス』(60)『ファイナル・カウントダウン』(80)と判で押したようなのは情けない。『海底二万哩』(54)『バイキング』(57)をあげているの

『大脱獄』のカーク・ダグラス

はまだましな方かも。たまたまネットで女性ファッション誌『ヴォーグ』の死亡記事を見たら、代表作『スパルタカス』と共に、ダグラス自身が作品的に高く評価する『地獄の英雄』（51）と、本人お気に入りの『脱獄』（62）をちゃんとあげている。クオリティのある雑誌はそうなるのかと感心した。

主演と製作総指揮を兼ねた『スパルタカス』は、古代ローマの奴隷反乱を描いた大スペクタクル史劇。脚本のドルトン・トランボは、赤狩りのため実名で仕事ができなかったが、本作公開を機にクレジットタイトルに名前を出せるようになった。悪名高いハリウッドのブラックリストを無力化する突破口となった記念碑的作品である。だが、当時は革命や共産主義を賛美した映画として、保守派から集中攻撃を受けたのも忘れてはならない。

『地獄の英雄』プログラム、ジャン・スターリングと

カーク・ダグラスは、戦後いち早く舞台や銀幕の俳優として活躍し、米ソ冷戦時代を背景に名演技を披露しながら、政治的スタンスのとり方もまた格別に優れていた。民主党員だったので、当然ケネディ大統領との関係もよく、カーター大統領からは大統領自由勲章を授与されているほどだが、民主党政権だけに肩入れすることなく、共和党のレーガン大統領夫妻とも親しい関係だった。

それは出演作品にもよく表れてい

る。『5月の7日間』（63）で、アメリカ軍部右派を告発するハト派の軍人役を演じたかと思えば、『エンテベの勝利』（76）のようなタカ派作品にも積極的に協力した。ロシア系ユダヤ人の貧しい家庭に育ち、大スターへの階段を一歩一歩上っていった苦難の人生が、偏りのない政治スタンスを取らせたような気がしてならない。学生時代はレスリングでオリンピックを目指した経験もあるだけに、典型的な肉体派と見られているが、柔軟な思考力をもつ知性派である。金のためなら共産党独裁国家中国にも平然とすり寄る、現代のハリウッドスターが見習うべき大先輩といえるだろう。

私がカーク・ダグラスの主演作に初めて出会ったのは、テレビ黎明期の番組「テレビ名画座」で放映された『ユリシーズ』（54）である。1960年代初頭のこと。その後、『地獄の英雄』『チャンピオン』等も少年時代にテレビで観ているが、やはり劇場スクリーンでの迫力ある体験には勝てない。

西部劇ファンに人気の高い『OK牧場の決斗』は勿論、一風変わった西部劇『ガン・ファイター』（61）のスクリーン映像も脳裏に焼き付いている。ラストのロック・ハドソンとの決斗には拍子抜けした思い出があるとはいえ、なぜかその時の演技が印象に残った。本作もダグラスが主演と製作総指揮を兼ね、『スパルタカス』と同じくドルトン・トランボを脚本に起用しているが、映画プロデューサーとしての目利きも相当なものであった。

しかし、カーク・ダグラスは、赤狩りに抗した映画人を誰でも評価していたわけではない。自伝の中に「ハリウッドテンの中で優れていたのは2人ぐらいだ」といった手厳しい言葉を残しているほどで、非米活動調査委員会で証言を拒否した10人の監督やシナリオライターを、各自の能力を分析することなく、やたらと持ち上げる連中とは根本的に違う。赤狩りが終わった後、ハリウッド映画界の左翼から裏切り者あつかいされたエリア・カザンと親しい関係を続けたのを見ても、彼の人柄がよく分かる。こんな彼こそが真のリベラルと言えよう。

尚、ここにあげた自伝とは「カーク・ダグラス自伝―くず屋の息子〈上・下巻〉」（早川書房）のことで、当時のハリウッド映画界への貴重な証言が満載してあるから、是非文庫化して欲しい。最後に遅ればせながら、カーク・ダグラス氏のご冥福を心よりお祈りいたします。

（せとがわ・そうた）

コロナ禍での演劇事情

桜姫、消えた。

片山陽一

いまの空気は戦前と似ている、という言葉を、今世紀に入ってから何度も聞いた。昭和ヒトケタあたりに生まれ、日本国憲法を平和憲法と呼んだりする方々のキラーフレーズだ。私は戦前の空気を知らないので、異を唱える術もない。

3月30日の日経（電子版）に、昭和15年生まれの上村以和於が「戦時下と重なるコロナ危機下の歌舞伎」を寄せていた。戦中や戦後直後でも歌舞伎はそれなりに途切れず上演されてきたが、この20年3月は歌舞伎公演がゼロになった、その前例なき事態について述べている。そして掉尾に、鉄兜や防空頭巾で警戒警報に備えつつ六代目菊五郎を観た戦中の逸話を紹介し、当時の役者・観客・興行者を健気と讃え、《「戦争」を「コロナウイルス」に置き換えると、現代ともダブって見えてくる》云々と結ぶ。どこをどう見たら現代とダブるのだろう。相手が焼夷弾ならば、私だって役者と心中覚悟で鉄兜片手に芝居に行ったかもしれない。やけっぱちな死と隣る美は確かにある。そういうロマンチシズムは、自分が殺される側だという前提によるものだ。無自覚に他人にうつすかもしれないコロナ禍は被害／加害の論理を超えていて、そこにロマンなどなく、第一、劇場が開いていない。安易に戦前・戦中と比較してしまう戦後民主主義的思考ほど現状認識に害をなすものがあろうか。

◇

東京芸術劇場の芸術監督でもある野田秀樹は3月1日《コロナウィルス感染症対策による公演自粛の要請を受け、一演劇人として劇場公演の継続を望む意見表明をいたします》で始まる意見書「公演中止で本当に良いのか」を発表。平田オリザ、ケラ、谷賢一、流山児祥、想田和弘らがすかさず連帯の意を表明するも、《スポーツイベントのように無観客で成り立つわけではありません》の条はスポーツファンから総スカンを喰らい、世間からは演劇を特別視するなと批判が相次いだ。《劇場閉鎖の悪しき前例をつくってはなりません》という野田の危機意識は、昭和天皇崩御や東日本大震災の際にはそれなりに意味を持ち得た。相手は自粛ムード即ち空気が相手だったからである。彼はウイルス相手に同じ理屈を繰り返して、自滅したのだった。

3月9日、劇団俳小「ダンシング・アット・ルーナサ」の楽日を日暮里d-倉庫へ観に行った。新劇らしいアンサンブルで好印象を受けた。入場時に手の消毒をさせられたが、席の間隔は通常通り。劇団の知人は、百枚をゆうに超えるキャンセルがあり、進むも地獄・止めるも地獄だと話してくれた。駐日アイルランド大使館の後援以外、大した助成も受けずに、皆バイトとチケットノルマに追われて公演している。《公演収入で生計をたてる多くの舞台関係者にも思いをいたしてください》と言う野田の意見書なぞ、もともと演劇で生計を立てられていない彼らにはずいぶん気楽に映ったろう。初日を開けた以上は観に来てもらいたい、と同時に、家族や友人を含めた観客に長時間客席でリスクを冒して欲しくもない。そのアンビバレントこそが彼らを最も苦しめていたように私は思う。

◇

3月初め、シアターコモンズ20は入口に消毒液を設置しただけで上演を続けていたし（シンポジウム等はオンラインに）、4日には福田善之作・演出の新作「京四条河原町上ル近江屋二階」が芸劇シアターウエストで初日を迎えた。むろん公演中止も多く、私の場合、無名塾やバットシェバ舞踊団が払戻しになった。最後に観たのは3月26日の笠井叡「DUOの會」（KAAT・大スタジオ）の初日。70人弱しか入らず、指定席を解除し間隔を空けて座るよう指示される。それも週末の外出自粛要請で28日と29日は公演中止となった。

その週末、兵庫県ではあるが、公演を行ったのが平田オリザだ。来年4月開学予定の県立「国際観光芸術専門職大学（仮称）」の学長になるべく劇団ごと豊岡市に移住した彼は、経産省・県・市の支援に加え、クラウドファンディングで約4900万円を集め、市の商工会館を「江原河畔劇場」へとリノベーション。総事業費約2億円。定員削減や消毒・換気の上で、地元向けのプレオープン公演「隣にいても一人」（計6回・無料）をその週末に実施したのだった（4月29日のグランドオープンは延期）。そういえば、休業要請に応じないパチンコ店に全国初の休業指示が出たのも同じ兵庫県だった。もっともパチンコは《在日同胞社会にとっての基幹産業とも言うべき》（民団新聞16年12月1日）ものだから、演劇は公共事業と言って憚らない「ソウル市民」の作者にとって、芝居はパチンコみたいなものなのかもしれない。

◇

ところで昨秋から初夏にかけて、鶴屋南北「桜姫東文章」が続けざまに上演されるはずであった。昨年9月に阿佐ヶ谷スパイダース、今年1月には京都・南座でイマーシブシアター形式の上演があり、いずれも相当脚色されていたが陽の目をみた。だが、3月の明治座での歌舞伎は中止。同月の山の手事情社創立35周年記念公演も延期に。ルーマニアのラドゥ・スタンカ劇場がアレンジした「スカーレット・プリンセス」（18年初演）も5月の来日がキャンセルになった。稚児が転生して桜姫となり女郎に売り飛ばされる南北らしい下降志向の筋立ては、当節流行のジェンダーや貧困に目配せし易い素材ゆえ好まれたのだろうが、コロナによる空白後も通用するのかは心許ない。演劇がプロパガンダの道具になるのは容易いが、世界の鏡になるのは難しい。

そもそも、極論すれば、劇場など潰れたって身体があれば芸能はできるのだ。劇場を守れというスローガン自体が権威的で経済至上主義的なのである。制度化された「芸術家」や「アーティスト」が助成や補償や支援のために奔走する、その姿は彼らの作品よりよほど面白い。（かたやま・よういち）

宍戸錠追悼

エースのジョーはそこにいた

ダーティ工藤

宍戸錠を最初に観たのは、TV放映の『渡り鳥』シリーズだったろうか。スクリーンで観たのは私が上京した頃だから、70年代か。当時の文芸坐（邦画は文芸地下）では、日活アクションが頻繁にかかっていて週末は毎週オールナイトである。当時、生活困窮者だが食費を削っても映画を観るという求道者？　のような生活を送っていた私は、このオールナイトが有難かったものだ。何しろ低料金で日活アクションがまとめて観られるのだから。旭に付き合った『渡り鳥』シリーズや『流れ者』シリーズもいいのだが、やはり『ろくでなし稼業』（61・斎藤武市）から始まり、71年の日活アクション終焉までに出演したジョーの主演作の数々は何ものにも代え難いものがあった。結果、宍戸錠は出ていれば無条件に映画を観る3人のアイコン（因みに他の二人は、丹波哲郎と近衛十四郎）のひとりになった。２０２０年1月26日、86歳で逝去。何人かの著名人による追悼文を読んだが個人的に残尿感の残るものばかりだったゆえ、私の中で存在する宍戸錠の追悼文のようなものに暫しお付き合いいただければ嬉しい。

『三つの龍の刺青』

第1章　イベントとジョン・ゾーン

80年代後半のある日（正確な日時が思い出せない）、私は今は無き亀有名画座にいた。ここは常磐線の亀有駅から10分ほどの商店街にあり、私の実家が近いこともありよく映画を観に来ているうちに今井支配人とも懇意になった。まだピンク映画関係の名画座として世間に認知される前のことである。その日、今井支配人から「ピンク映画以外のイベントを何か出来ないだろうか」という相談を受けた。それまで同館では、大きなイベントはやっていなかったようだ。私は即座に「宍戸錠さんを呼んでイベントどうですか」と答えた。というのも私は行けなかったのだが、ちょっと前に大井武蔵野館で行われた宍戸錠特集に本人が来て大いに盛り上がった、というのを知人に聞いていたからだった。今井支配人も賛同してくれた。

　だがご本人と面識はない。ここは当たって砕けるしかないと、大井武蔵野館の関係者に連絡先を聞いて事務所に電話したら、何とご本人が出た！　イベントの旨を緊張気味に伝えると、「毎週ラジオ番組をやってるから、収録現場に来い」とのこと。後日、今井支配人と共に赤坂だったか、ラジオの収録現場にお邪魔した。ジョーがホスト役で番組名は確か「エースのジョーの活劇大ラジオ」だったと思う。まさにエースのジョーはそこにいた。イベントをやるにしても予算のない下町の映画館のことでマネージャー氏は色々苦言を呈していたが、ジョーは「しょうがねえな、俺のファンだってんだから断るわけにもいかねえだろう」と何とその場で、スケジュールを調整して即決してくれたのだ。そこからはゲストの長谷部安春監督と映画評論家の渡辺武信に出演を快諾していただき、当日上映する『拳銃《コルト》は俺のパスポート』（67・野村孝）と『拳銃残酷物語』（64・古川卓巳）のプリントも抑えた。イベント・タイトルは〝ハードボイルド・パニック！〟、チラシは予算節約で、ジョーがサングラス姿で拳銃を構えた『拳銃残酷物語』のスチール写真をメインに私がデザインした。当日は前記のラジオ番組の録音収録も行われることが決まった。

　イベント当日、ラジオ番組スタッフのセッティングが

宍戸錠来館時の亀有名画座

イベント中の宍戸錠。画面奥の黒づくめの男は筆者

終った頃、古びた映画館には不似合いなベンツを劇場前に横付けして宍戸錠が到着した。ゲストも無事到着してイベントがスタート。ジョーの歌を交えたワンマンショーは、映画全盛時代の劇場ショーを彷彿させた。観客はいやが上にも盛り上がる。まさに昭和のスターだ。続くゲストとのトークもMCそっちのけで、ジョーが盛り上げる。まさにサービス精神のかたまりだ。そういや売れる前の園子温も観に来てたっけ。

かくして2時間余りのイベントは大盛況の内に幕を閉じた。主催者側としては大満足であったが、ご本人は不満気であった。というのも、満員御礼とはならなかったからだ。「今の俺の実力がどれほどのものか、あえて大袈裟に宣伝しなかったんだ。それで満員にならなかったということは、エースのジョーも、まだまだだということだな」と。虚構を演じながら冷静に現在の自分を分析する、そのクールさこそ宍戸錠を並みのスター俳優とは違う粋に留める秘訣なのだろうか。

打ち上げもジョー節全開であったが、こちとら早々と酩酊してしまいほとんど忘れてしまったが、ひとつだけ覚えている。「東映で『三池監獄　凶悪犯』(73・小沢茂弘)というのに出た時、毎朝スタッフ、キャストが鶴田浩二に小学生みたいにでかい声で「おはようございます！」って頭を下げて挨拶するんだ。俺はそういうことにはずぼらだから「おはよう〜す」ってペコッと会釈するだけよ。鶴田はジロッと俺を見るんだが何にも言わない。だが俺は外様なんで、周りの連中が色んなことを言ってきやがる。俺も段々めんど臭くなってきて、1週間くらいたってから鶴田に小学生みたいにでかい声で「おはようございます！」って頭を下げたら、鶴田がジロッと見てニヤリとしやがったんだ。それからは東映の連中も俺に優しくなりやがった。旭も東映へ行った時に、最初鶴田にガツンとやられたらしいんだ」と。

そのすぐ後ぐらいに、サックス奏者で前衛音楽家のジョン・ゾーンと知り合った。彼は当時高円寺のアパートに住んでいて、日活アクションのファンで小林旭を歌手として高く評価していた。私がSM好きだと言うと、渋谷ラママだったかのLIVEに呼ばれた。そのLIVEは私がセーラー服を着た女性二人を縛ってステージ脇に置き、それを緊縛オブジェとして演奏した。後日、私がSMをレクチャーした成果なのか「SMスナイパー」なる曲も書き上げた。閑話休題。ジョンの87年のアルバム「スピレーン」には、『口笛が流れる港町』（60・斎藤武市）のジョーの後ろ姿がジャケットにあしらわれている。そうジョンは宍戸錠の大ファンでもあったのだ。彼は音楽家だけあって、映画も感覚的に観ていたようだ。ストーリーよりもキャメラアングルやカットつなぎなんかをよく観ていた。役者も演技力よりも身体の動きを重視する。ジョーの例の相手を小ばかにしたように指を振る「チッチッチッ」の軽妙さ、拳銃の抜き方の素早さや構え方のフォルムの美しさを誉めてたな。これではご本人と対面させないわけにはいかない。かくして件のラジオ番組に、ジョンを連れて行きご本人との対面と相成った。これはジョンは勿論、ジョーご本人も大変喜んでくれた。ジョンは東日本大震災の原発事故以来、放射能を恐れて来日していないと聞くが、彼の宍戸錠追悼もぜひ聞きたいところだ。

第2章　エースのジョー誕生

宍戸錠は新生日活の第一期ニューフェイスとして1954年入社、同期は名和宏、牧真介、北原隆、木室郁子、明石淳子など。因みに明石淳子とは恋人関係にあり同棲していたそうな。エキストラを経て翌55年『警察日記』(久松静児)で正式デビュー。朴訥な若い警察官を演じ、これで色がついたのか『おふくろ』(55・久松静児)、『女中っ子』(55・田坂具隆)など朴訥青年役が定位置になるが、これに満足出来ずに56年豊頬手術で、二枚目から不適な面構えの悪役顔にチェンジするという大胆すぎる行動に出る。以後は悪役が多くなり、『影なき声』(58・鈴木清順)あたりから悪役として存在感が出てくる。小林旭主演の『渡り鳥』シリーズ(59~61)『流れ者』シリーズ(60~61)の両シリーズで毎回工夫を凝らしたライバル役でメキメキと頭角を現して行く。中でも赤木圭一郎唯一のシリーズものである『拳銃無頼帖』シリーズ(60)における若きトニーを盛り立てながらの水際立ったライバル役は素晴らしかった。60年に日活は石原裕次郎、小林旭、赤木圭一郎、和田浩治の4大スターでダイヤモンド・ラインを開始するが、翌61年1月に裕次郎がスキーで骨折、2月にトニーがゴーカート事故で死去。前年暮にダイヤモンドライン入りが決まっていた宍戸錠、続いて二谷英明が新加入し、第二次ダイヤモンドラインが開始された。〝エースのジョー〟という通り名は、この時考案されたものだという。昇格第一作『ろくでなし稼業』(61・斎藤武市)は、まだ加入前の二谷英明がライバル役を好演。ジョーのそれまで好評だったライバル役を主演に書き換えたようなコミックアクションとなった。これは『稼業』シリーズ(61)となり、その後も『気まぐれ渡世』(62・西河克己)『悪名高きろくでなし』(62・斎藤武市)『赤い靴とろくでなし』(63・牛原陽一)『命知らずのろくでなし』(65・江崎実生)などが、この系譜となる。この系譜をスピンアウトしたかのような傑作が『危いことなら銭になる』(62・中平康)で、ジョーは硝子をツメで引っかいた音に弱い硝子のジョーなる主人公を快演した。

第3章　和製ウェスタンへの挑戦

この時期の特色は和製ウェスタンへの意欲的な取り組みにあった。西部劇はマカロニ・ウェスタン登場前にも無声映画時代のフランスなどでも製作されており、戦後は英国のブリティッシュ・ウェスタンが先行した。ケネス・モアのイギリス人保安官が西部にやって来るコミック・ウェスタン『不死身の保安官』(58・ラオール・ウォルシュ)、アフリカを舞台に『真昼の決闘』(50・フレッド・ジンネマン)ばりにリチャード・トッドが孤軍奮闘する

『ならず者一家』（61・ケン・アナキン）、メキシコを舞台にしたダーク・ボガード、ミレーヌ・ドモンジョ、ジョン・ミルズ主演の『黒い狼』（60・ロイ・ベイカー）など。フランスではフェルナンデル主演のコメディ・ウェスタン『ダイナマイト・ジャック』（62・ジャン・バスティア）など。一番盛んにウェスタンを製作していたのは西ドイツで、カール・マイ原作でピエール・ブリスが酋長ウィネットーに扮した『アパッチ』『シルバーレークの待伏せ』（以上63・ハラルト・ラインル）、『騎兵隊最後の砦』（63・ヒューゴ・フレゴネーズ）、『大酋長ウィネットー』（65・ハラルド・ラインル）などの『ウィネットー』シリーズや、ジェームズ・フェニモア・クーパー原作の6度目の映画化『夕陽のモヒカン族』（64・ハラルド・ラインル）など本格的なものが多い。マカロニ・ウェスタンの嚆矢は64年のジェームズ・ミッチャム主演『グランド・キャニオンの大虐殺』（セルジオ・コルブッチ）と言われている。

さてジョーの和製ウェスタンへの取り組みは『早射ち野郎』（61・野村孝）が最初で、これはストーリーも衣装も本場西部劇をそのまま持って来ており、それも和田浩治主演の『俺の故郷は大西部《ウェスタン》』（60・西川克己）のようにパロディに逃げずに堂々たる本格西部劇を貫き通していたのが潔かった。この時のキャッチフレーズが、〝ゲイリー・クーパー、アラン・ラッドに続く世界第3位の早射ち〟だったか。早射ち世界第3位というのがフェイクの中にもリアリティがあり、いわゆる虚構のリアリティを感じさせる。宍戸錠が狙っていたのは、まさにこの境地だったと思われる。『早射ち野郎』ほど徹底していないものの、『赤い荒野』（61・野口博志）『ノサップの銃』（61・松尾昭典）『紅の銃帯』（61・小杉勇）『早射ち無頼・大平原の男』（61・野口博志）などはこの路線の延長線上にある。初のメキシコ・ロケが謳われた『メキシコ無宿』（62）は、監督の蔵原惟繕にこの種のセンスが全くなくせっかくの題材をぶち壊しにし、この路線にトドメを刺した愚作であった。最も蔵原惟繕には『道』（54・フェデリコ・フェリーニ）を翻訳した『硝子のジョニー 野獣のように見えて』（62）における和製アンソニー・クインたるジョーの好演があったことも付記しなければならない。

第4章 ハードボイルド・パニック

やはりジョーが本領を発揮したのは、ハードボイルド路線であった。『燃える南十字星』（62・斎藤武市）

『銃弾の嵐』（62・古川卓巳）『危険な商売　鉛をぶちこめ』（62・斎藤武市）『探偵事務所23・くたばれ悪党ども』（63・鈴木清順）『探偵事務所23・銭と女に弱い男』（63・柳瀬観）『野獣の青春』（63・鈴木清順）『早射ちジョー　砂丘の決斗』（64・柳瀬観）『拳銃残酷物語』（64・古川卓巳）などがあり、中でも『野獣の青春』は清順美学とジョーの切れのいいアクションとクールな佇まいが見事に融合した稀に見る傑作となった。この時期の鈴木清順とのコンビでは田村泰次郎原作の2度目の映画化となった『肉体の門』（64）における男の象徴たる伊吹新太郎役のギラギラした存在感が印象に残る。また柳瀬観《のぞむ》とは助監督の頃からウマが合い監督デビュー作『探偵事務所23・銭と女に弱い男』を皮切りに『虎の子作戦』（63）『早射ちジョー　砂丘の決斗』『魔性の女』（68）とコンビを組んでいる。柳瀬観とジョーのコンビ作は、もっと評価されてもいいレベルにある。また、この時期、文芸もの『人生劇場』（64・舛田利雄）で吉良常を神妙に演じ、初の他社出演となった松竹の犯罪アクション『大悪党作戦』（66）で東映から招かれた鬼才石井輝男と顔を合わせたのも付記したい。

　ジョーのハードボイルド路線のピークは、作品的にも肉体的にも67年がピークであったのは異論のないところだろう。即ちジョーの代表作3本『拳銃《コルト》は俺のパスポート』（野村孝）『殺しの烙印』（鈴木清順）『みな殺しの拳銃』（長谷部安春）が出揃ったのである。『拳銃《コルト》は俺のパスポート』はまさに自他とも認めるジョーの最高傑作で、殺し屋ジョーの集大成ともいえる内容になっている。『殺しの烙印』は成人映画として公開された清順美学と大和屋竺のキッチュなアプローチにジョーが付かず離れずの微妙な距離を取った末に見事着地したある種実験作で、この時期この組み合わせでなければ醸し出せないデンジャラスな作品となった。『みな殺しの拳銃』は長谷部安春とジョーのシンクロぶりが窺える熱の入った傑作で、ラストのアクションはジョーならではの切れ味であった。長谷部とはウマが合いこの後も『縄張《しま》はもらった』（68）『流血の抗争』（71）でいい仕事を残している。日活最後の出演は夏純子主演の『不良少女魔子』（71・蔵原惟二）での貫禄十分のヤクザの組長役であった。これは日活最末期の1本で、終焉まで付き合ったのもエースのジョーらしいダンディズムなのかもしれない。

*文中敬称略

（だーてぃ・くどう）

宍戸錠追悼

〝早射ち〟エースのジョーの面目？

五野上力

筆者五野上力の亡父・肇の生地大河原町金ヶ瀬。その西隣りにある白石町（現・白石市）が宍戸錠の太平洋戦争中の学童疎開先だ。その地域的環境は斯うだ。東隣りは大河原町、名峰蔵王を望む全長一里の金ヶ瀬街道がある。その両側に天蓋を成す三百年松並木は、往昔、伊達政宗が江戸参勤交代の道中の慰めに植えたという。この松並木は、戦争末期、軍部に依る軍用機燃料としての松根油（ガソリン代用）採取の目的で全て伐り倒された。その東隣りは船岡町。「舘山」と称ばれる大河沿い（白石川）に立つ小高い山容の頂上は、山本周五郎の名著『樅ノ木は残った』でも知られる伊達藩家老原田甲斐の船岡城の天守跡が残る。船岡は城址町だ。そして件の白石町は、伊達政宗公竹馬の盟友、智将片倉小十郎の城下町という、共に大いなる歴史を宿した町である。

導入が長くなったが、此処を書かないと、俺にとっての宍戸錠は成り立たないので御容赦賜りたい。実は宍戸錠との唯一の接点は此処にあるのだ。少年である無名俳優の俺が、亡父の故郷で戦後の苦境に耐えていた頃、宍戸少年も亦、終戦後も疎開地白石に残留の儘の少年時代を過ごしたのだ。言わばそれは二人の「時代」という接点だ。長じて、宍戸少年は、名門と呼ばれた白高（白石高等学校）から東京の日大（日本大学芸術学部映画学科）へ俳優を目指して進学。戦後製作再開の日活映画（東洋一を誇る白亜のスタジオ）のニューフェイスと成った。

『地獄の祭典』

大河原駅前の「大劇」にも白石の映画館にも、その入口には等身大の宍戸錠の写真立看板が飾られた。宍戸青年は、やがて浅丘ルリ子を劇中のヒロインにした小林旭主演の「渡り鳥シリーズ」でコンビを組み、旭の「♪赤ァい夕陽のォ……」の主題歌と共に、「エースのジョー」というアメリカ西部劇俳優そこのけの見事なガン捌きを売りにブレイク、一躍人気スターに伸し上がった。あとの活躍は周知の通り。ジャンル不問で、「これが！　映画だ」派の俳優だったネ、楽しかった！

『大氷原』

☆

無名俳優の俺と宍戸錠との現場は、所属の違いもあって僅かに二、三回程度だが、エースの錠という陽気でワイルドな雰囲気は健在だった。記憶の底にあるのは、確かテレビ局10チャンネルのスタジオドラマで、藤純子と宍戸錠主演作品だった。今ではタイトルは浮かばないが大雑把な内容は、弱者（不利）を強者（有利）に仕立てて見せるストーリーだった。勝てる筈のない様な男を勝たせてやる、早い話が八百長で金稼ぎをやる男とヒロインの藤純子との恋愛模様だったと思う。俺は彼に依頼する側を演った。デイトのカップルが街の不良に絡まれ、悲鳴を上げる娘の前で不良をやっつけイイトコロを見せる、という他愛のないシバイ。だが、適当にやるわけにはいかないから、二人して立回りの術をつけて一寸ばかりエースの錠と殴りっこ？　を演った。

☆

次に宍戸錠と会ったのは、東映製作所作品。その朝8時に彼は東京撮影所にやって来た。が、その頃熾烈だった東撮労組の条件斗争の為、ロケ出発時間がとっくに過ぎても何のメドも立たない。彼は待機している我々の様子を見ていた……と、彼は急にガン捌きをやる様にスッと立ち上がるや我々に微笑みかけ、「渡り鳥シリーズ」定番のチ、チ、チと鳴らす舌打ちと、ウインクを見せ……その儘サッササと帰ってしまった。

――その後、作品の出演をキャンセルしたのか出番調整が付かなかったのか、再び彼の姿を見る事はなかった。流石は早射ちエースのジョー、抜き射ち0・何秒？

『ひとり旅』。二本柳寛、草薙幸二郎と

☆

余談

――アリスの谷村新司によく似た青木忠雄という先輩が居た。アオキちゃんと呼ばれて皆から親しまれたこの男は、まるで暗いカゲなど無い軽妙なキャラクターの持ち主で、宍戸錠とは日大の同級生だった。その時代の錠と自分の事で、よく皆に聴かせて笑わせていた話がある。「アイツはネ、俺がイイ彼女を見つけて付き合うだろ？　するとサ、スグ、カッパラッチャウンだョ。早いんだ。いくら横取りされたか知れやしねえよ。オカゲで俺まだ、チョンガーだよ。どうしてくれんだョ。そりゃアイツは今みたいにホッペタふくらましてないイイ二枚目だしサ。気が良いヤツだから、しょうがないよ。アーア、俺、イイ物持ってんのにナァ」。おっと失敬！　カット、カット！

白石のサムライに
冥福合掌

（ごのうえ・りき）

《映画の見かた》の見かた㊱

重箱の隅をつつく楽しみ

重政隆文

北海道在住の中澤千磨夫は、さまざまな映画を映画館で見るという生活を日常に持ち込むことは困難である。それが原因か結果かは分からないが、圧倒的にDVD派だ。彼が書いた『小津安二郎　生きる哀しみ』（2003年10月、PHP研究所、PHP新書、以下『哀しみ』）では冒頭から「映画はやはり映画館で観るのに如くはない。だが、ビデオは映画を本質的に変革させたといってもいいのだ」（6頁）と開き直る。「如くはない」と言っている以上、映画館で見るのが正しいとは認めている。DVDはあくまで臨時というか次点の選択というか、やむを得ない代替品であるということを認めている。

多くの映画研究者が映画をビデオ、DVDで研究する時代になっている。映画館体験などなくてもいいと思っている。それを著者は歓迎している。

> ビデオは映画を書物にした。映画がビデオという形のテキストとして開かれた以上、ペダントリーや細部への固着も批評の対象として相対化されるということだ。映画が記憶で語られていたかぎりでは、問題になっている細部について、誰も検証し得ないという事態もあっただろう。だが、誰でもビデオで再読できる以上、小説を分析するときと同じように、細部へのこだわりこそが読みを左右することになると主張したい。一つのショットを読み、意味を与えることが映画全体の解釈を変えることにもなるのだ。（『哀しみ』30頁）

映画はテキストではなく作品である。作品はオリジナルの状態で接するべきものだ。だから小説と同じように分析するべきものではない。もちろん世の趨勢としては中澤に同調する人の方が圧倒的に多い。DVDで見ることによって小津作品の中に編集ミスを発見する。「ビデオで読んでいると、こういう発見が楽しい」（『哀しみ』102頁）と書いている。粗探しをするのがそんなに楽しいか。隠微な楽しみだと思う。

中澤は次の『精読　小津安二郎』（2017年6月、言視舎、以下『精読』）で「映画はやはり映画館で観るのを第一」とした上で、次のように書く。

> 文学畑、つまり異業種からやって来て、映画について喋々する人間を、映画界の人たちが快く思わないのは、分かる。当然だろう。素人が生意気なことをとでもいう感覚か。私自身も何度かそんな言葉を、直接間接に浴びせられてきた。それもあり、私は撮影の現場など、機会があれば出来るだけ赴くように心がけている。
>
> 本書は文学畑の研究者が、小津安二郎映画をテキストとして精読してみた実践例である。今一度宣言しよう。映画もまた文学テキストである。（『精読』6～7頁）

何か勘違いしている。撮影現場の取材など不要だ。映画館で見ればいい。問題が違う。

中澤は「細部への固着」の一環として、どうでもいいことを重大視して書く。『父ありき』（１９４２年）に関して次のような記述がある。「ともあれ、並んで『親子丼』を食するのは、親子であることを確認する儀式である」（『精読』26頁）。中澤は「親子丼」と脚本に記され、看板にも書かれているという。そんなこと、知ったことか。中澤は画面上で親子丼かどうかを確認したわけではない。画面からは何丼かは断定できないのだ。ただ、父子が食堂で食事をすることしか私は見ない。中澤は『東京物語』（１９５３年）においても、原節子が義理の両親を自宅に招き、店屋物を注文するシーンで「映像で何どんぶりであるかを判断することは難しいが、『父ありき』に倣って親子丼で義理の親子であることを確認する行為であったと読んでも構わない」（『精読』26〜27頁）という。なぜ親子関係を確認しないといけないのだ。特に『東京物語』では脚本にも「丼物」としか書かれていないという。私は中澤が小津や小津作品を弄んでいるように感じる。

そもそも親子丼といっても鶏肉と卵は本当の親子でも義理の親子でもない。卵を産んだ直後につぶされた鶏の肉を使っているのなら私も認めよう。仮にこれが他人丼やカツ丼、木の葉丼、中華丼だったら、それぞれにこじつけた意味を付加する気なのか。

あるいはまた、『父ありき』の主人公・良平が電車の中で読むためポケットに岩波文庫を入れるシーンがあるという。中澤の小津仲間には、それが『化学の学校』だと推定した人がいるという。中澤は「岩波文庫は多数出版されていたので、断定は難しい。私には同定不能だが、こういう細かな読みがなされることは実に楽しいことである」（『精読』35頁）と述べている。重箱の隅つつきがそんなに楽しいか。

次に『東京物語』（１９５３年）のラスト近いシーン。「ショットが平山の家に戻ると、周吉のうしろに大きな空白。隣家の細君が挨拶をして通り過ぎる。何ごともなかったかのように尾道水道をぽんぽん船が行く」（１６１頁）。中澤はこの部分を素通りする。しかし、紀子の勤め先がタイヤ会社だと推定して喜んでいる、中澤と同じタイプの小野俊太郎は『東京物語』と日本人』（２０１５年11月、松柏社）の中で次のように書いている。

確かに最後の場面で尾道水道を左から右へとポンポン船が移動するようすは印象深い。しかも一隻のポンポン船を追いかけるように、もう一隻が出現し、最後に一隻だけがアップになる。こうした数の選択もどこか思いを残すものと受け止められる。平山家は尾道水道の北岸にあり、周吉はそこから海を見ているわけだから、船が向かう方角は西となる。つまり日没と西方浄土を目指している。エジプトのピラミッドがナイル川の西岸に並んでいるように、東京の西にある尾道は、「静かな死が支配する空間」という解釈が成り立つかもしれないし、ポンポン船はさらに西へと進むので「彼岸」へ向かっているとみなすなら、亡くなったとみを象徴していると、とりあえず説明はつく。（48頁）

中澤はこのようなこじつけとしか思えないような考えにもおそらく同調するのだろう。そして、この点を見逃していたことを悔しがるのだろう。

この姿勢は三冊目『小津の汽車が走る時』（２０１９年9月、言視舎、以下『汽車』）に至ってもまったく変わらない。もう信念と言ってもいい。

私は中澤に反して映画館で見た時の記憶に頼る。記憶だけだと曖昧である。記憶違いが時々ある。しかしそれでいいと思っている。私はたいていの場合、映画は一度しか見ない。自腹なので、同じ作品を二度見るより他の見ていない作品を見たいからだ。その時、見逃した部分があれば、見逃したまま放置する。映画批評や映画研究は、ビデオという二次媒体が登場普及した１９８０年代半ばあたりまで、ずっとその曖昧な場合もある記憶によって書かれてきた。スクリーンで見て気がつかなかったことは気がつかなかったということでよしとする。いかにも非科学的な姿勢だがそれが映画なのだ。個人が家庭内のモニター画面を一人で見るものは映画ではない。そう考える私は少数派だし、援軍来たらずであり、絶滅危惧種だ。自覚している。それでも私はたぶん死ぬまで映画館でしか映画を見ない。映画館体験を絶対視している。映画館原理主義者だ。

東宝系の映画館の「午前十時の映画祭」で何年かぶりに『東京物語』を、東映系の映画館で『男はつらいよ　お帰り　寅さん』（２０１９年、山田洋次監督）を見た。東宝や東映の映画館で松竹の富士山マークを見る違和感はＤＶＤ愛好家には分からないだろう。後者に関し松竹直営館で中学生以下は入場料１００円という叩き売り（寅さんのバナナみたい）をしていた。ＤＶＤ愛好家にはこのことに松竹の末路を見る思いがするというようなこともないだろう。

私は末延芳晴の『原節子、号泣す』がＤＶＤを使って重箱の隅をつついた本だと批判した（連載第19回）。その批判的な論調に『汽車』で中澤がつっかかっている。

私自身にも映画館の原体験はあり、それはそれは貴重なものだ。だが、それを絶対視して、「ＤＶＤ批評」を「依存症」、「根無し草」と呼ぶのはどうだろう。かりに映画館に足を運んだことがない論者が映画論を書いたとして、それが優れたものであれば、まったく構わない、それはそれでひとつの表現なのだというのが、私の考えだ。（『汽車』67頁）

というより、重政自らの感覚の絶

対化だろう。それこそ、どんなに大勢の人びとと映画館において映画体験を共にしようと、映画を読むという行為は「本質」的に「孤独」な営為であるからなのだ。（68頁）

何度も言うが、映画は読むのではない、見るのだ。中澤にとって映画館での鑑賞がすでにはるか昔の「原体験」レベルになっている。映画館で映画を「見る」時、私は孤独を感じない。共生感をもつ。中澤は続けて「重政の末延批判に同調できる点はあるが、『映画館体験』の絶対視に、越境者を疎んずる映画人の狭さがほの見えるのである」（同）と書くが、私は映画人ではない。中澤を越境者とも思わない。勘違いしている文章が後に続く。

私にも少ないながら札幌や東京で業務試写に招かれた経験があるが、そこに流れる内輪の雰囲気の厭らしさに慣れたくないと思った。それに鈍感になってしまうことは、コマーシャリズムに流され、批評の棘を鈍化させてしまうということだろう。映画館体験はむろん重要だ。田中眞澄が「フィルム・センター最多有料入場者」を自称していたことを銘記したい。「有料」という自負だ。身銭を切って映画を読み、本を買い、書く。野にあった田中眞澄の気概であろう。（68〜69頁）

映画館と試写室を一緒くたにしている。試写室は決して映画館ではないのに、どうして中澤は話を横滑りさせるのだ。彼はどうも私のことを、映画会社の太鼓持ち的な、業界べったりの、御用評論家だとして非難しているようだ。確かに、試写室に集まる人たちは、映画興行を成功させるために新聞、雑誌に無理してでも褒め言葉を書くのを前提に、タダで、あるいは媒体からお金をもらって、映画を見ている。嫌な雰囲気になるのは当然である。しかし、映画館にはそのような観客はいない。田中眞澄が有料で映画を見ているのを中澤は称賛する。私が同じようにいつも有料で映画館に行っていたら中澤の評価は変わるのか。私はほぼ100パーセント、有料入場者である。もちろん各種の割引は利用するし、有利な会員制度があれば率先して会員になる。田中眞澄の例を出してきても何の批判にもならない。

中澤は「本格的な批評や研究の場合、記憶のみで書くことはもう許されないのだ」（『汽車』69頁）と勇ましく書いているが、映画を見るのになぜいちいち「本格的な批評や研究」を念頭におかないといけないのか。「小津安二郎が研究対象として自立するためには、聖化偶像化は排さねばならない」（『汽車』58頁）といいながら中澤自身も小津を聖化偶像化しているように見える。ＤＶＤのおかげで聖化偶像化しやすくなったのだと私は思う。中澤は「映画はやはり映画館で観るのに如くはない」と表明している以上、小津やＤＶＤを絶対視してはならない。

（しげまさ・たかふみ）

没後五十年

内田吐夢の岡山時代を検証する

世良利和

1. 吐夢の生家はどこにあったのか

内田吐夢は『映画監督五十年』（一九六八・三一書房）という自伝を出版している。また中国残留時代に書かれた未発表の自伝原稿「吐夢年代記」も残っており、後に藤井秀男編『「命一コマ」映画監督 内田吐夢の全貌』（二〇一〇・エコール・セザム）に収録された。それらの中で吐夢は、生まれ育った岡山での少年時代についても回想している。ただし、そこにはいくつかの空白・欠落があり、それが吐夢の経歴をめぐる誤解の原因となってきた。以下では吐夢の岡山時代について、地元での調査で判明したいくつかの点を指摘しておきたい。

＊＊＊

岸松雄は『日本映画人伝』（一九五三・早川書房）の中で、当時はまだ中国にとどまっていた吐夢を取り上げ、次のように紹介している。

「内田吐夢は明治三十一年、岡山市大供百二番地に菓子商内田源蔵の三男として生まれた。本名を常次郎と云う」

問題となるのは「大供百二番地」という吐夢の生誕地についての記述だ。岸は具体的な根拠も情報の出どころも示していない。藤井の『内田吐夢の全貌』の年譜でも、吐夢の生まれた場所は「岡山市大供《だいく》」となっているが、おそらくはこの岸の記述を踏まえたものだろう。また吐夢が新宿の慶応病院で息を引き取った一九七〇年八月七日の地元紙『山陽新聞』夕刊も、郷土が生んだこの巨匠を「岡山市大供出身」と報じていた。

だが岡山市に暮らす立場からすると、これにはいささか疑問を感じざるを得ない。現在でこそ大供は岡山市役所が置かれて市の中心部の一角を成しているが、吐夢が生まれた当時はまだ岡山市に隣接する鹿田村の一部であった。一方、吐夢の自伝によれば、父（本名は徳太郎で、源蔵は世襲名か）は名人肌の腕を持つ干菓子職人だったという。そんな徳太郎が「一二三《ひふみ》堂」という屋号の菓子舗を構えていた場所として、旧城下から大きくはずれた大供はいささか不似合いではないのか。それが私の最初の疑問だった。

改めて調べてみると、まず『岡山県歴史人物事典』（一九九四・山陽新聞社）は吐夢を「岡山市天瀬《あませ》に生れる」と記している。また一九六七年三月十四日付『朝日新聞』の岡山版にも「岡山市天瀬の菓子屋に生まれた」という一節が見える。「天瀬」というのは大供から八〇〇メートルほど東の旧城下に位置する区域だ。現在は国道二五〇号によって南北に分断され、天瀬という町名は国道以南に限定されているが、もともとは国道以北、現在の北区表町三丁目あたり（通称「千日前」）までを含んでいた。

この国道以北はかつて「天瀬可真《かしの》町」と呼ばれ、瀬戸内海から岡山城下への入り口だった京橋の川港や、商人街として繁栄した旧西大寺町に隣接しており、世襲名を持つ干菓子職人が店を構えていても不思議ではない。住居表示の変更で表町三丁目の一部となった現在でも、一帯には店名などに天瀬という地名の名残が散見される。ただややこしいことに、国道以南の天瀬の西隣に旧町名で「大工町（現在の東中央町）」というエリアがあり、それが「大供」と混同されて岸の記述を誤らせた可能性も排除できなかった。

ところが『岡山市史 美術・映画編』（一九六二・岡山市役所）に「内田吐夢は、『若玉』を少し向うへ行った右側の菓子屋の息子」という岡長平の記述が見つかった。「若玉」というのは、かつて天瀬可真町に存在した映画館「若玉館（後のテアトル岡山）」のことだ。ちなみにこの『岡山市史 美術・映画編』は岡山の地域映画興行史に二七二ページという、都道府県史や市町村史では異例の分量を割いている。特に内田百閒とも交流のあった岡が書いた「幻灯からトーキーまで」は、地域映画史の嚆矢であるだけでなく、豊富な知識・資料と方言交じりの自由闊達な文体で「市史」という枠組みを大きく踏み破った快著だ。それはともかく、岡の記述が正しければ、吐夢の生家は天瀬の可真町にあったことになる。岡は吐夢より八歳ほど年長だが、吐夢と幼馴染だった人々の名前も具体的に挙げており、この部分についての信憑性は高い。

また別な資料として、一九〇二年版『関西商工便覧』に「御菓子製造處　岡山市可真町　岩田一二三堂」という名刺広告の体裁による記載があった。「岩田」が「内田」の誤植なのか、それとも正式な世襲名が「岩田源蔵」だったのかは判断ができないが、菓子処の一二三堂が可真町にあったことは間違いないだろう。さらにもう一つ一九〇九年版『岡山商工人名録』の菓子の部には「内田徳治郎《ママ》　天瀬一一〇」という記載が見つかった。徳次郎は吐夢の長兄であり、この時点ではすでに父から一二三堂を継いでいたことがわかる。そして「天瀬一一〇」という住所は後の若玉館の少し南、現行の住所表示では「表町三丁目二十二-二十二」に該当する。

その後『山陽新聞』を手あたり次第に調べてみたところ、一九五四年一月十九日付の同紙夕刊に、「内田吐夢氏と語る」というインタビュー記事が掲載されていた。吐夢は前年十月に中国から帰国したばかりで、インタビューは胃潰瘍の手術を終えて療養中だった新宿の国立東京第一病院のベッドで行われている。その中で吐夢は「今は名前が変っているらしいですけど岡山市可真町という所に生れましてね。ちょうど千日前あたりになりますが」と述べていた。これで吐夢の生まれた場所についてはほぼケリがついた格好だが、さらにダメ押しのような情報が中原省吾からもたらされた。

中原は法務局で旧土地台帳の謄本を請求し、岡山市天瀬一一〇ノ二（現在の地番では表町三丁目二十二-一〇五）の土地が、一九一三年三月二十八日に家督相続によって吐夢の長兄である内田徳次郎の所有となっていることを確かめたのだ。この土地の所有権は一九一六年に吉野音次郎という人物に移転しており、戦後の一九五六年には隣接する天瀬一一〇ノ一を所有する中国銀行が購入し、後に同行天瀬支店の敷地の一部となった。二〇〇二年の天瀬支店閉店後は行政書士会館が入居していたが、現在は木下サーカスの本社が置かれている。この建物の北側部分が、吐夢の生家跡ということになる。

吐夢の生家跡付近。手前の「岡山」という文字は隣接していた岡山日活の看板（2020年３月９日筆者撮影）

またこの土地台帳の謄本には徳次郎の住所として「大字大供」と記されており、冒頭に引用した岸松雄の「大供百二番地」とのつながりが見つかった。脚本家の鈴木尚之は『私説 内田吐夢伝』（二〇〇〇・岩波現代文庫）の中で、吐夢の父の死後、製菓業に見切りをつけた長兄が母と吐夢を伴って「繁華街」に移り、肥料製造販売業を営み始めたと述べている。けれども先述したように、当時の大供は決して繁華街と呼べる場所ではなかった。

むしろ長兄は逆に、繁華街に近かった天瀬の可真町から、まだ岡山市域外だった大供に移って肥料の製造販売を手がけたのではないか。そしてその長兄の家が岸松雄のいう「大供百二番地」だったと考えられる。岸は親交のあった吐夢やその家族から大供の住所を聞いていたか、あるいは何かの資料を閲覧してその時点での叶夢の本籍地を確認したものと思われる。

この「大供百二番地」には、昭和の初め頃に天理教の教会があった。中原が請求した旧土地台帳の謄本によれば、一九一六年に所有権が徳次郎から高《たか》田《た》政《まさ》次《じ》郎《ろう》という人物に移っている。高田が天理教の関係者だったことは『改訂 天理教事典 教会史篇』（一九八九・天理教道友社）で確認できており、ここに教会があったこととの辻褄も合う。さらにこの土地は一九三一年に、地元の中堅ゼネコン・大本組を創業した大本百松の所有となった。土地の現況は大本組の関連企業である大百興産が管理する駐車場で、現在の住所表示では「柳町二丁目八番」となっている。

吐夢が母とともに身を寄せた長兄の家があった跡地付近（2020 年 3 月 18 日筆者撮影）

2. 吐夢は学歴を詐称したのか

岸松雄の記述に対する二つめの疑問は、叶夢の学歴をめぐる次のような箇所についてだ。

「常次郎は岡山県立第一中学校に三年まで通学した」

吐夢は生家のすぐ近くにあった深柢《しんてい》尋常小学校を卒業している。二級上の学年には後の名横綱・常の花（本名・山野寛市）がいた。また新劇の舞台から映画に転じて活躍した石黒達也は、この小学校の後輩ということになる。そして藤井秀男が確認しているように、吐夢が同校在籍中の一九〇七年に、尋常小学校の修業年限が従来の四年から六年に延長された。その結果、高等小学校が二年制となるとともに、中学への入学資格は「十二歳以上で尋常小学校卒業者」と改められている。

では尋常小学校を卒業した吐夢の進路はどうだったのか。叶夢の自伝には「私は中学二年で学校を止めて」としか書かれておらず、中学校名や高等小学校に通ったかどうかは不明だ。岸のいう「岡山県立第一中学校（通称岡山一中、正しくは岡山県第一岡山中学校）」の名前も一切出てこない。ただし旧制の岡山一中は一九二一年以降の呼称であり、もし吐夢が通ったとすれば「岡山中学（正しくは岡山県立岡山中学校）」だったことになる。『岡山県歴史人物事典』は吐夢の学歴を「岡山中学校（現岡山朝日高校）を2年で中退」、また前掲の『朝日新聞』岡山版は「岡山一中（現在の朝日高校）に進んだが、途中で退学」としているが、いずれも典拠は示されていない。その岡山中学の卒業生名簿を調べてみたが、吐夢の本名である内田常次郎という名前は見当たらなかった。中退したのであれば載っているはずがないと思われるだろうが、この学校の同窓会名簿には「中退」や「退学」の項目があり、該当者が掲載されているのだ。一方、鈴木尚之の『私説 内田吐夢伝』は、叶夢が高等小学校の最終学年の時に卒業目前で退学を命ぜられた、としている。それを裏付ける資料は明示されていないが、前後の文脈から判断すると、吐夢の長兄の息子・内田完吾の証言に基づくものかも知れない。そして鈴木は、中学に通ったとする吐夢の記述を次のように否定している。

「それは中学へ進学したかった夢と、果たしえなかった挫折感とが交錯し、吐夢をしてあたかも現実のものとして書かしてしまったのではなかろうか」

鈴木による「吐夢の学歴詐称説」に対して藤井は、深柢尋常小学校に高等小学校が設置されるのは吐夢が卒業してからかなり後の一九一九年であることを指摘し、吐夢が通ったとする高等小学校の名前も記していない鈴木の説を「類推の域を出ないのではあるまいか」と批判している。その一方で藤井は岸松雄の岡山一中説についても、この旧制中学が県下随一の名門であったことを挙げ、高等小学校を経ずに入学した可能性は低いと疑問視している。では吐夢はいったいどこに進学したのだろうか。

私は吐夢が入学した可能性のある岡山市と周辺の旧制中学について、在校生・卒業生名簿を可能な限り調べてみたが手がかりは得られなかった。そんなときに目にしたのが、先述した『岡山市史 美術・映画編』に収録されている岡長平の「幻灯からトーキーまで」だった。岡は吐夢について「後楽園裏の『岡山黌《おかこう》』に通ようたが、卒業まぎわに飛び出し」と述べている。岡山黌は吐夢が深柢尋常小学校に通っていた一九〇九年に、「閑谷黌岡山分黌」として現在の岡山市北区広瀬町に開校した旧制の私立中学だ。

校名にある「黌」という漢字は、現在も熊本の「済々黌高校」や福島の「学校法人昌平黌」などに使われているが、「まなびや」という意味がある。「学」の下に「黄」という字を含むのは中国の昔の学校が壁を黄色く塗っていたことに由来するらしい。同校の創立者である井尻艶太の自伝『越えて来た道』（一九五三・吉備学園出版部）によれば、閑谷黌岡山分黌はその後対立が生じて井尻が経営から手を引き、大供の枝川沿いに平屋の新校舎を建てて移転している。一九一一年版『岡山市明細地図 附接近郡村地図』を見ると、その新しい校地は吐夢が長兄に従って移り住んだ「大供百二番地」を含むか、もしくは隣接しているように見える。

この中学は一九一三年に「第二閑谷黌」と改称して閑谷黌本体から独立し、翌一九一四年には「私立中学岡山黌」と称している。さらに一九一八年、今度は上道郡宇野村（現在の岡山市中区浜一丁目）、つまり岡の言う「後楽園裏」に移転し、最後は「岡北中学校」（現在の岡山市立岡北中学とは無関係）を名乗って一九三三年には廃校となった。移転と改称を繰り返した上に、廃校となってからすでに八七年が過ぎていることもあり、岡山黌という旧制私立中学の存在は地元でもほとんど忘れられている。最後の校地跡には「岡山黌跡」の立派な石碑が建っているが、行き交う人がそれに目を留めることもない。

中区浜一丁目の跡地に建つ「岡山黌跡」の石碑（2019年1月13日筆者撮影）

内田吐夢に関する従来の評伝の類で、この中学に言及したものは見当たらなかった。そのため岡の記述の裏を取るのは難しかったが、これまた先述した『山陽新聞』

による帰国直後のインタビューの中で、吐夢自身が「中学岡山黌へ二年まで通って学校を止め」と述べ、具体的な学校名を挙げていた。そして叶夢が通った当時の岡山黌は岡の言う「後楽園裏」ではなく、父親の死後に吐夢が身を寄せた大供の長兄宅のすぐ近くにあったことになる。吐夢は中学を退学して一年ほど後の一九一四年春、十六歳で岡山を離れているが、深柢尋常小学校から高等小学校を経ずにこの中学に進学したとすれば、年齢的にも符合する。

岸松雄の岡山一中説は、「岡山の中学」あるいは「中学岡山黌」を聞き間違えたか、勘違いした結果ではなかろうか。戦前の映画人などの経歴を調べていると、それに類する誤りはしばしば見受けられるからだ。だが解せないのは、なぜ鈴木尚之が本人に確認したわけでもない学歴詐称説を公にしたのかという点だ。鈴木は東映企画部時代から吐夢に私淑して家族とも付き合いが深く、吐夢の代表作『飢餓海峡』（一九六五）の脚本も担当している。そんな鈴木が明確な資料も証言も示さないまま、中学を中退したという吐夢の記述について、嘘だ、見栄だ、と指摘する意図はどこにあったのだろうか。

鈴木はこの件について「五十数年をへていたとはいえ、人は自己の最終学歴をあやまるとはおもえないのである」と書いているが、私もまさにその通りだと思う。吐夢の在籍を示す資料が確認できていない現状では、岡山黌説もまだ可能性の一つに過ぎないが、吐夢は中学二年までで学校を止めたという自己の最終学歴について、決して間違ってはいなかったのではないか。

3. 吐夢は少年期に活動写真を観たのか

ここまで内田吐夢の生家と最終学歴について検証してきたが、岡山には吐夢に関するまとまった資料や作品コレクションが用意されているわけではない。岡山時代の詳細についての調査研究や、吐夢の遺族あるいは関係者への聴き取りが行われた形跡も見当たらず、生家跡を示す案内板もなければ、日本映画史に名を残すこの大監督を顕彰する動きも一切ない。もっともそれは吐夢に限った話ではなく、吐夢の生家跡から東へ直線で四〇〇メートルほどの東区西中島に生れ育った尾上松之助や、同じく北へ二キロメートルほど離れた北区番町で育った脚本家・三村伸太郎についても、似たりよったりの状況だ。地元に関心の薄い岡山気質と言えばそれまでだが、今後さらに街の再開発が進むと、こうした映画人の痕跡をたどることは一層困難になろう。

実は吐夢の岡山時代についてはもう一つ大きな欠落がある。それは吐夢の自伝のどこにも、子どもの頃に活動写真を観たという記述が見当たらないことだ。吐夢は『映画監督五十年』の中で、自身が生まれ育った岡山について「ランプが電灯に変わり、街に水道が引けた頃の古い岡山」と述べている。吐夢が生まれる九年前の一八八九年に市制が敷かれた岡山市では、一八九一年に山陽鉄道岡山駅（現在のJR西日本岡山駅）が開業し、一八九四年には一般家庭への電力供給が始まった。その後も一九〇五年に水道、一九一〇年に都市ガスといったインフラが整えられ、一九一二年には現在も市内中心部を走る路面電車が営業を始めている。

吐夢が少年期を過ごした岡山は、近世の城下町から徐々に近代的な輪郭を持つ地方都市へと姿が変わっていく時代であった。吐夢は子どもの頃にキャラメルを買って食べると「菓子屋の子供が菓子を買うて食べたりして！」と母に叱られたと「吐夢年代記」で回想しているが、おそらく父や長兄が営む昔ながらの和菓子製造販売業が次第に先細りになるという形で、時代の変化を敏感に受け止めていたことだろう。吐夢の生家に近い京橋の川筋は岡山城下の人の移動や物流の中心だったが、それも明治の後期には岡山駅へと移ってゆく。

こうした近代化の波は大衆娯楽にも及び、岡長平の「幻灯からトーキーまで」によれば、一八九七年四月二十七日には岡山で初めてとなる活動写真が興行されている。吐夢が生まれるちょうど一年前のことで、場所は吐夢の生家から北へ八〇〇メートルほどの場所にあった「心明座」だという。余談になるが、この心明座は翌々年に少し北西へ移転して名称を「千歳座」と改めており、戦後は八名信夫の父・亀億《ひさお》がこれを手に入れて「チトセ映画劇場」という映画館を経営していた。八名は吐夢が監督した『飢餓海峡』に端役で出ており、『こんにちは 八名信夫です』（一九九八・データハウス）という本の中で、同郷の巨匠から指導を受けた話を自慢気に書き記している。

心明座での初上映以来、岡山にも毎年のように活動写真の巡回興行がやってきたが、一九一一年には岡山で最初の活動常設館となる「世界館」が現在の北区野田屋町二丁目の西川沿いに新築された。続く二番目の常設館となったのが一九一二年開業の「帝国館(後の岡山松竹)」で、その場所は吐夢の生家があった同じ天瀬可真町の、まさに目と鼻の先だ。吐夢の少年時代は、ちょうど活動写真が普及して大衆娯楽の中心になっていく時期とも重なっている。それにもかかわらず、私の知る限り吐夢は少年時代に活動写真を観たという記述も、あるいは帝国館や活動写真についての回想も残していない。

その一方で吐夢は、演芸好きだった父・徳太郎の芝居見物によく連れて行かれたらしく、それが「私を映画人にする素質を養ったのかも知れない」と「吐夢年代記」の中で述べている。具体的な演目や芝居小屋の名前は挙げられていないものの、生家の近くには高砂座、大福座、九重館、巴玉座あるいは尾上松之助が子役として初舞台を踏んだ西中島の旭座など、複数の芝居小屋や寄席があった。このうち高砂座や旭座では芝居だけでなく、しばしば活動写真の興行が行われていた。そしてそれは巡回興行の時代に限らず、常設館が登場してからも続いている。従って吐夢が活動写真に接する機会は少なからずあったに違いない。たとえ父や長兄から活動見物を禁じられていたのだとしても、何らかの言及はありそうなものだが、それをうかがわせる資料は今のところ見当たらない。

岡長平は「幻灯からトーキーまで」の中で吐夢についての、「環境的にも映画人に育つように、生まれてきてた《ママ》男である」と述べ、吐夢が岡山を離れた理由を「彼の目的は、その時分の若い人の憧憬の的だった映画人になるためだった」と説明している。だがこれらはいずれも岡の早合点というか、いささか不正確な記述と言わねばならない。吐夢は映画の世界に憧れて中学を辞めたわけではないし、最初に岡山を離れたのも、横浜の西川ピアノ・オルガン製作所に年季奉公するためだった。吐夢が大正活映の撮影所に押しかけるのは、この五年の年季奉公が終わってからということになる。

また岡が「環境的にも」と書いているのは、吐夢の生家周辺の天瀬可真町一帯が映画館街となったからだが、それは吐夢が岡山を離れ、長兄が一二三堂のあった土地を手放した後のことだ。天瀬可真町には帝国館が開業してから七年後の一九一九年に「金馬館」、さらに一九二六年には「若玉館」と、相次いで常設館が開業して一帯は賑わいを見せ始める。やがてこの通りには大阪の繁華街にちなんだ「新千日前」という通称が使われ始め、それは「千日前」「千日」と略されて現在にまで引き継がれている。太平洋戦争末期の米軍による岡山大空襲は千日前をも焼き払ったが、戦後はいち早く復興し、映画の全盛期には狭い通りの両側に五館が連なる岡山随一の映画館街を形成した。

映画館の吊り下げ看板が残っていた頃の千日前アーケード（2013 年 7 月 31 日筆者撮影）

しかし周知のように一九六〇年前後をピークとして映画興行は急速に斜陽化し、その後も長期にわたって低迷が続く。加えて映画館の形態がミニシアターやシネコンへとシフトする中で、旧来型の映画館の廃業が相次ぎ、建物自体もほとんどが取り壊され、一キロメートル以上にわたる長い商店街の南端に位置する千日前の映画館街もすっかり寂れてしまった。それでもアーケードの端には「白鳥座」や「テアトル岡山」といった館名看板が吊り下がったまま残され、そこだけ時間が止ったような雰囲気を漂わせていた。

ところが同地区では目下、岡山市によって新しい文化・芸術施設の建設が始まっている。一帯の再開発が行われて映画館の看板もアーケードとともに取り外され、映画館街の名残までもが消え去りつつある。吐夢の生家跡に隣接する「岡山日活」だけがかろうじて営業を続けていたものの、それも二〇一九年十二月をもって閉館となった。果たして二〇二二年に開館するという文化・芸術施設は、没後半世紀を迎えた大監督・内田吐夢の生家跡や映画館街としての千日前の歴史に、どのような視線を向けることになるのだろうか。

（せら・としかず）

フヰルム温故知新㉜

畏れながら小津先生

布村建

映画作家も人間である以上、加齢による身体・脳機能の変化とともに作風が変わっていっても不思議ではない。例えば黒澤明の場合、中期しばらく不調が続いた。しかし『夢』で、ついで『八月の狂詩曲』で新しい境地を開花。遺作『まあだだよ』は、さらなる飛躍への間奏曲であったか。

一方、小津安二郎は残念ながら黒澤とは異なる下降曲線を辿ったように思える。後年、里見弴、志賀直哉ら鎌倉文士とお付き合いするようになってからの作品は、味わいと余情を失っていた。その典型が『秋日和』。丸の内あたりの一流企業の役員らしき男たちが、友人の寡婦の再婚に狂奔する。この極楽とんぼトリオ映画が六〇年度キネマ旬報ベストテンでは五位。

重役たちは銀座の高級バー、築地あたりの料亭でスコッチを賞味する。当時ジョニーウオーカーの店頭価格はサラリーマンの初任給に近かったのである。この変容は何に起因するのか？一言でいえばお友だちがわるかったのだ。

揚げ足をとりつつ…

小津のスコッチへのこだわり歴はふるい。初登場は一九三七年、『淑女は何を忘れたか』（三月三日公開）。東京帝大医学部教授、超エリートの恐妻家（斎藤達雄）が主人公。自由奔放に生きる姪（桑野通子）を愛するドクトル麹町先生は丸の内の暇人とは違ってはるかにまっとうな人物。語り伝えられることは少ないが快い作品である。

小津作品では最もペシミスティックな『一人息子』。工場主の温情で掃除婦として老いの身を養っている〈つね〉が工場の裏手で一息つく姿にオールドブラックジョーが静かに流れ、フェードアウト、長い黒味が続く。小津安二郎　三十三歳。

戦後第一作『長屋紳士録』は上野の戦災孤児（出演は被災者施設の子どもたち）をドキュメンタリー風に撮ったラストシーンによって末永く記憶されるだろう。夫の出征中、わが子の医療費のため一夜春をひさぐ『風の中の牝雞』。シリアスな秀作ながらも何故か不評であった由。

一九四九年九月公開の『晩春』は小津の名を不動のものにした。周吉は東京帝大の経済学者。戦後の食糧危機がようやくおさまり、お米のご飯が食べられるようになった時代であった。庶民の日常と無縁の内容だが興行的には大ヒット。

一九五〇年の『宗方姉妹』（新東宝）。上原謙の田代はパリ帰りという設定だが、講和条約締結前に一般人の渡航は不可能であった。一九五一年、サンフランシスコ講和条約により、日仏間の戦争状態終結。一九五二年、日本の独立回復により国交が回復。ドゴールを首班とする自由フランス政府が対日交戦国であったことをご存じなかったのか。

鎌倉文化人たちと

　翌年の『麦秋』はつけ入る隙のない『東京物語』に比べ、細部をふくめて構造的矛盾にみちている。周吉は定年退官した植物学者。北鎌倉の瀟洒な家にすみ、生活に不自由はない。しかし、医師の長男康一が診療所を開設するために大和の兄、茂吉の家への移住、居候的くらしを余儀なくされる。家族崩壊ドラマというが、主犯は自己都合本位の康一であり、従犯は〃大和は国のまほろば〃などと巧言を弄して仕掛ける、つれあいを亡くした兄・茂吉である。両親老後の面倒は誰がみるのか?。先行き墓参に行くにも遠すぎる。周吉は「しあわせでした」という妻〈志げ〉の言葉に同意を留保し、かすかに嘆息する。

　揚げ足をとれば限りはないのだが、小津映画の中でもっとも美しい台詞が実は本作にある。日曜日、公園の周吉夫妻。〈志げ〉が上空を流れる風船に気づく。周平「どこかで飛ばした子がきっと泣いているね」。見送る周平は戦地から未帰還となった次男に想いをはせているのだ。最終章大和の前。紀子は二階にあがり、机に伏せて泣く。あるサイトによれば、紀子が想いを寄せていたのは秘書として仕えてきた妻子ある佐竹であるとのこと。たしかにその伏線はある。最後は麦畑の二五秒におよぶ、万感胸に迫る移動撮影。過ぎし日は再び戻らず。

　『お茶漬の味』。羽田空港の場。〃空飛ぶホテル〃の尾翼機体番号(アップ)がカット毎に替わってしまうお粗末の一席あり。

　『彼岸花』。七人のおじさんたちが文部省唱歌「青葉繁れる桜井の……」を斉唱するかわいらしいシーン以外はビデオなら早送り。佐分利信、有馬稲子のような非草食系キャラクターは本質的に小津映画には不向き。

完成度高い『早春』

　『生れてはみたけれど』ではサラリーマンの悲哀を、『一人息子』では大不況の余燼を、『父ありき』では父子の人生史を『風の中の牝雞』で戦争の疵痕を描いた小津は、その後、社会や歴史の動きと断絶する。安保騒動もどこ吹く風と『秋日和』を撮るのだ。顧みれば戦前の作品に対抗しうる戦後作品は『東京物語』一本。

　語られつくしてきた『東京物語』だが、あまり触れられず、でも私が好きな場面がある。第三者的人物で魅力的な、気のいい長女の夫・庫造(中村伸郎)。髪結いの亭主に見えるが、仕事はもっているらしい。彼の科白「お父さん、風呂行きましょう」。舞台である昭和20〜30年代、東京で内風呂を持っていたのは本省か上場企業の課長以上、そして中佐以上の旧軍人。燃料の石炭も不足でした。いまどきの分析業者は気づきもしないが…。

そして、佳作『早春』。東野英治郎のサラリーマン生活三八年総括が胸を打つ。池部良の転勤先が岡山の三石という静かな町の耐火煉瓦工場というのもいい。夫婦間の亀裂と再結合を描いた地味ながらも完成度の高いドラマであった。蒲田駅周辺の実景も貴重。

海軍式敬礼を指導する小津

『東京暮色』。「小津安二郎を見るとは、『東京物語』の真夏の死と『東京暮色』の真冬の死とをともに肯定することではないか」（蓮實重彦）。解読困難な悪文だが、要するに誰もが首を傾げた陰鬱な映画を評価せよ、ということらしい。リメーク版『浮草』は問題外。

『小早川家の秋』。造酒屋の中村鴈治郎が妾宅で亡くなって諸行無常？　黒澤明が一度たりとも起用しなかった自意識過剰役者森繁を受け入れ、作品の品性は更に落ちてしまった。高名女優展示会映画。

〝艦長〟の軍歴は？

遺作となった『秋刀魚の味』（一九六二）ではトリスバーが舞台になり、かつ、そこで重要な問題が提起される。周平は元艦長で丸の内のオフィスのエリートではない。川崎にある火力発電所勤務。加東大介は元部下。周平は負けてよかった、という。これは海軍兵学校出なら口が裂けても言う言葉ではない。周平はおそらくは徴用された商船学校出身者。この人たちが艦長を務めたのは海防艦のような護送小型艦であったが経験豊富で操船術にすぐれ、戦艦大和よりも戦果をあげた。二人が交わす敬礼は肘を横に張り出さない海軍式敬礼である。

「勝ってたら艦長、今頃あなたも私もニューヨークだよ、ニューヨーク。パチンコ屋じゃありませんよ。ホントのニューヨーク。アメリカの」「そうかね…けど、負けてよかったじゃないか。」「そうですかねえ。うーん。そうかもしれねえな。バカなやろうが、いばらなくなっただけでもね。艦長あんたのことじゃありませんよ。あんたは別だ」

本作予告編のナレーション。

〝映画界の至宝　小津安二郎監督が全生命的意欲をもって贈る！〟。あたかも一年後の逝去を予感しているかのような文言である。（ぬのむら・けん）

「ムービーマガジン」をご存じですか？ 第十四回

「シナリオ」誌よ、現役エールを！

全30冊総目次（その10）

浦崎浩實

本欄の役目を逸脱させてもらうようだが（そうでもない?）、「シナリオ」誌が狂い始めてるって？（他誌を批評できる身か？） それがさ、その狂い方が、私の古傷に塩をすり込んでくるのさ！ 天下の「シナリオ」誌と、ノー天気の、オットットッ、NOT天下の「ムービーマガジン」誌を同格に見立ててはいまいな！（そんな、分は弁えておりまする……！）

「シナリオ」誌は今年1月号から、編集体制が変わったようで、面目を（悪）一新！ 表紙は従来、掲載シナリオの、スティルが主体だったが、イラストへ！ ご随意にと言いたいところだが、1月号が遥かなる山中貞雄なのは、「恋と十手と巾着切」シナリオを〝発掘〟と称し掲載しているからだろうが、山中の顎と額を誇張、ひげの下の小さい口元に覗く栄養不良そうな歯並び（？）。山中貞雄の面構えを貧相に誇張！（ワタクシは表紙にガムテープを貼り候！） モノ作り（作家）のカンバセに、知性の欠片（くらい）欲しくないですか？（断固、欲しくない、らし、と追々分かるが！）

右のシナリオ、昭和7年（1932年）の映画で、ワタクシメよりきっかり、ひと回り（12年）老いぼれてます。当然、サイレントで、併載「カツベン！」と連動させ、気を利かした？（そればかりでもなさそう、と、やがて気

づくが！）ピッカピカの「カツベン！」スティルを優先すべき、と、どんなオニブさんでも気づくはず。新作より旧作の方が断然注目され、売れるんならともかく！（まさかね！）

新作より、旧作「恋と十手と～」優位の口実（？）にしたのか、〝発掘〟なる箔付だが、掲載文末に底本（1998年、実業之日本社）、底本の底本（戦中の1940年、竹書房）と、計2冊上がっているが、他に3巻本「山中貞雄作品集」第1巻（85年、実業之日本社）にも収録されておりまして、戦後だけでも2度、それもつい（！）、22年前、35年前。既に多くの人に提供されているものを、発掘とは恐れ入ります（ニホンゴ、ダイジョーブぅ？）。発見と言ったのではない、発掘だ、と開き直る？（募りはしたが募集はしなかった、とアベ・ゴハン論法〈？〉に倣って？）

監修委員長（編集長でもある？）の同号review に拠れば、ネットサイトで〝発掘〟したらしいのだが、読んで感激し、授業で紹介したら、受講者は十手、巾着切、を知らず、山中も遠くになりにけり、と慨嘆。今頃、山中脚本を〝発掘〟した人がよく言うよォ、お前さん自身が〝遠かった〟んじゃないのさぁ！　それに、〝一気に読んだ。いやぁー、面白かった〟云々の手放し称賛の無邪気さ。面白く読めるシナリオは要注意、と今のシナリオ教室は教えないのかな？　読後感想文でなく、シナリオの技術構造を解明してくれなきゃ、せっかくの掲載なのにね。

往時、シナリオを外部の人間が批評できますかね、とさる御大（？）に伺ったら、無理でしょう、と言下に笑われたものだが、右review のプロ氏にも無理らしい？（ホッ！）

おニブな私、すぐには気づかなかったのだが、現「シナリオ」誌の懐メロ好き、どこか後ろ向きは、パリパリの新作嫌いの裏返し、か（「映画論叢」の〝発掘〟ぶりにインスパイアされたンじゃ、って、まさか・まさか！　論叢は2誌いりませぬ、レベルに遠く及びそうもなく！）。

従って（？）で、現「シナリオ」編集体制の意図するところを忖度するに、同業現役の活躍を過小に、過少に、控えめに、のかくれミノとしての旧作掲載か？　ゲスの勘繰りだよって？　違ぇねェ！（ゆえにシンジツ？）

続く2月号はといえば、イーストウッドの似顔絵、それもわざわざ（だろう！）、表情を暗く（黒を主体にした色使いで）、ダーティ顔ハリーの、またまたダジャレ？

同号掲載、「嘘八百　京町ロワイヤル」は人気スター勢揃いで、〝売り〟には持って来いのはずですがね（勢揃いって？　小せぇ小せぇ？）。

3月号の表紙となると、何を思ったか、唐突に地方の〝クラシックな〟映画館が表紙に！「藤森照信のクラシック映画館」刊行とのジョイントらしく、〝映画館ケンミンショー〟なる、各地のクラシックな映画館の紹介連載も始めているが、当の映画館の正面写真くらい添えればまだしも、これまた本文に直接関係なさそうなイラスト！（同書版元から協力金でも出たなら、まだいいのだが？）映画誌のはずなのに、とかくイラスト好き！（映画への背信のような？）イラストは、映画・映画館の〝実存〟への連想力において、スティル、写真に遠く及ばないんです、とっくにご存じでしょうがね。きょうび、旧作スティルでも1点1万円（以上）も請求する業界事情もある？（新作ならPRとして無料なんでしょ？）

で、古き映画館への郷愁だが、ワラブキの芝居小屋・兼映画館を体験している世代としましては（〝沖劇〟と言ったかしらん、大型台風で吹き飛んだ！　66年も前、石垣島でだが。往時この小島に5館、土日祝のみの営業館を加えれば、計7館が。それがウソのようにとっくに、ゼロ！）、この種の感傷は不毛と。前の東劇（は元々芝居専用だったろうが）と（今の）東劇を比ぶれば、今の方が（映画上映にとって）断然いいのは論を俟たないはず！

「シナリオ」4月号の表紙もまたまた旧作がメインで、表紙のイラストは、説明（目次で）されねばわからない深遠（！）さ。説明されねばわからない表紙って、表紙の（最少の）役割を果たしていない、と思わないすか？　なにがなんでも、旧作！　6月号表紙となると、爆笑もの、勝手に気取ってなさいよ。掲載シナリオの一つは、昨年9月公開の準旧作で、〝リクエスト〟と謳っているが、要するに、ページ埋めの格上げ！（よく言って、昨年の編集部見識ナシを詫びてる？）そして併載の新作だが、ご一同のお眼鏡に叶ったの？　おっどろき！

この号のシナリオ作家訪問ページの〝作家〟（顔のイラスト）のむさっ苦しさは、ユーモア？（ここにもガムテープ！）顔の周りをアブでもぶんぶん飛び回っているかのような風体の（シナリオ）作家が、ヒト様から（も）信用を受けられようか？　大昔の底辺小説家じゃあるまいし、体《ティ》は実《ジツ》を表すのでは？　嵩上げならぬ、嵩下げ？（いえ上げのつもり？　やれやれ！）

「シナリオ」誌の発行主体は、協同組合・シナリオ作家協会で、通常の商業雑誌のように、販売部数の伸び縮みにヤキモキせずに済みそうだが（むろん、伸びれば有難いだろうが）、ゆえに（？）、〝実験〟自在かも。今次は、現代のシナリオ（作家）より、往時がよろしい、と？　同業者の新作がたとえモノ足りなくても、褒め育て、エールを送るのが組合誌の最優先お役目では？

1月号の編集後記で〝長〟が、誇りと卑下（？）こもごもに、シナリオ〝掲載希望の売り込みはある。反対に掲載希望の脚本が様々な事情で断られるケースも多い〟と。たまに、とか、マレに、ならこれまでもあったろうが、〝多い〟とはただごとではない。コロナも恐いが、「シナリオ」誌が実作者の晴れ舞台で無くなっているなら、同誌存亡のクライシス？　ごシンパイなく！　掲載シナリオの替りなど、いくらでもあら〜な、ってか？（それで凌ぎ、凌ぎ、こんにちに至れり？）関西で同人誌的に誕生した「シナリオ」誌だが、ここに来て、対する世間狭まれり？（そうよ、だから批評の対象にしないでよぉ！）

ではありましょうが、更なる差し出口・希望を述べれば、〝長〟たる者こそ、慎み深くあれかし！　往時、自分のステージとしたがる映画雑誌〝長〟も何人かいるにはいましたが、現シナリオ誌で、一番露出しているのは〝長〟かもね。〝雑文〟を必ず一つ、時に二つ掲出し（卓見の雑文ならねぇ！）、あまつさえ自作未映画化シナリオを掲載（昨年12月号で、〝リニューアル〟前だが、〝長〟はそれ以前から！）、あわよくば、どこかが〝ゴミ拾い〟して映画化してくれないかァ？　いやいや、すべて、悪意に取っちゃいかんよ、こんなシナリオは絶対ダメだよって、後進への道しるべとして、自己犠牲的に掲載したのよォ！

6月号では〝長〟の一文に〝僕の拙文〟なる記述ありしが、ささやかなご教示になりまするが、〝拙文〟て〝僕〟（ワタシ、アタイ、オイラ、俺っちetc.）、つまりオノレ以外には使用禁止ですのよ。キミの拙文、なんて言おうものなら、決闘騒ぎになりかねないです。

現「シナリオ」がコロコロと感触を変えたがるのは、なぜ？　常に前進・変身→飛躍→新鮮さ（の更新）を迫られずにいない（プロデューサーや監督らから）、シナリオ作家（の習性・宿命？）の反映か？　と取るのはかなり無理がありますよね、何しろ後ろ向きなんだから。あるいは、短気で、アキっぽい、か？

ロゴタイプの毎号の小《こ》イジリ、表紙イラストレイターを毎号すげ替え、と目まぐるしいのは何ゆえ？　安定したイメージで訴える世俗雑誌への挑戦？（よくぞ、見抜いて下さった！　売れなくていいんですぅ！）雑誌作りの要諦はマンネリを恐れないこと、かも？

個人攻撃している？　というより、〝長〟の独りよがりを傍観している如き〝組合〟の鷹揚さ、無気力（？）に私は素朴に驚いているのであります。で、現「シナリオ」から受ける我が古傷ですが！本誌連載でMMバックナンバーを繰らざるを得ないのだが、つくづく、自分の忍耐力のなさ、飽きっぽさ、気まぐれを見せつけられて、泣きたくなるのです！　ロゴタイプいじりはショッチュー、表紙の傾向、内容の重点、本文レイアウトを変えに変え、最後はついに、禁断の雑誌版型の変更に手を付け、トドメに！　自分では、転がるコケのように、コケが付着してはいけない、と自覚的なつもりでいた？(大誤解よね！)悔やまれてばかりでは、オレ達寄稿家、協力者の立場はどうなるのぉ？　ケンソン（！）は難しい！　今後、手前ミソもなんのその、思いっきり自画自賛しちゃうから！

もう一度「シナリオ」誌に戻って、部外者ながら愚見を念押しすれば、「シナリオ」誌を同時代（の実作者）に奪還せよ！　〝長〟のシュミ・コラボはもう十分！

……でMM総目次の続きに、やっと辿り着き候。

第20号　発行日付は昭和54年9月1日

実はこの号、前述「シナリオ」誌〝長〟が登場してるんです！　MM名物「新装!!FIVE　RANKINGS」（〝星取り〟）で、小田克也、北川れい子、松田政男、山根貞男５氏をレギュラー陣に、〝長〟氏（当時の肩書は助監督）、そして金丸弘美氏（読者として）がゲスト参加。52作を俎上にしているが、〝長〟氏の採点の厳しさよ（当時の私もそれを歓迎したか？）。★５つが最高だが、〝長〟氏は17作（を採点！）している内、なんと、12作が★１ヶ。★２ヶ2作、★３ヶ1作、★５ヶ1作で、この満点作がご当人シナリオの映画化作。〈厚かましく〉と当人の添え書きが、と紹介欄にあり。純情ぶり（？）もしのばれるものの、同業他者に厳しいのは、往時からか！

第20号、定価２８０円は変わらずだが、前号（60ページより、12ページ減（印刷の面付1台分）の48ページで（ノンブルは表紙をカウントしたり、しなかったりしてます）、束《つか》を痩せさせないよう、前号より、ざらざらした厚手の用紙を本文に。表紙の刷り色は３色から２色に、と後退感は否めないです（終刊へのカウントダウン？）。

でも、内容の充実度に眼がくらむ（言っちゃったぁ！）。発行所の住所が、（美しい）愛妻の実家から現住所へ変わっており、電話番号もそのまま（局番の頭に〝3〟が加わる前ですが）。いよいよ、家内工業！

一番の〝売り〟はメインの勝新太郎インタビューだが、勝氏のサービス精神ぶりに頭が下がります。インタビュー内容（高平哲郎氏）はもとよりだが、田辺幸雄氏カメラは、折よく（？）小雨降る六本木の路上で、自在に振る舞う勝新氏を活写。本文をざらざら紙質に変えたと記したが、怪我の功名？　合ってるような（フィルモグラフィ＝生嶋猛さんも信頼されております）。

「ごひいき対面」では、松田修氏（国文学者で映画批評も）が、ごひいきの永島敏行さんと対談。相好を崩した修氏がまぶしく（前田康行・撮影）、この号が出ると、松田政男氏が、修さん、大丈夫かねぇと苦笑していたのを思い出す（アブノーマル・マツダ、ノーマル・マツダとご両所認め合った間柄だが、どっちが〈より〉アブ系だか、今もって私にはナゾです）。

続いて、木下惠介映画ミニ特集。ページはミニでも、内容はビッグで、桂千穂氏が「木下映画の〝太陽〟と〝月〟」と題し、作家は通常一面性しか見せないが、相反する二面性を、それぞれ作品で成功させた不世出の天才、と画期的論評。もう一つはF・トリュフォーに拠る「楢山節考」論で、山田宏一氏（氏の訳注がたっぷり）のご厚意による掲載（共訳・蓮實重彦）。何かと、黒澤ばかり持ち上げられることに本誌の気概を示したつもりだが、厚かましく、依頼したもの。

そして、劇作家、演出家の堂本正樹氏による「三島由紀夫と映画―サイレントへ向かう克己心」がある。

かつての映画誌の写真豊富は文化財ものだが、「人斬り」（69）のミシマ切腹スティルは、ご遺族の意向でもう門外不出と仄聞するが、しっかり写っております。映画「黒蜥蜴」（68年版）でナマの人間銅像（三島）に美輪明宏が口づけするスティルも。

関本郁夫監督による連載「映画人烈伝 其の参」は〝サード助監督として付いた「緋牡丹博徒・花札勝負」の地獄の日々〟のサブタイトルがあり、加藤泰監督の狂い方を活写（後年、関本監督の本に収録されていますよネ）。

続いて、公開間近の「十九歳の地図」（79）の柳町光男監督と主演の本間優二インタビューで、見開き記事だが、本間のぴっかぴかぶりよ（糸川燿史・撮影）。本作に

出演した、沖山秀子、蟹江敬三、山谷初男、原知佐子、清川虹子といった主要な面々が、もう鬼籍に入っていることに感慨を催す（ご冥福を祈ります）。

連載の西脇英夫氏「二流映画講座（5）」は〝いつの頃かやみつきとなった劇場未公開TV放映ムービー〟では、観たことも（聞いたことも?・）無いようが数々が挙げられる。使用スティルは「サイレント・ランニング」で、ごひいきブルース・ダーンが大きく映った2葉。この後劇場公開されたようだ。

もう一つの連載、松田政男氏「同時代映画の発見2／いつか見た映像、いつか見たストーリー」は、自主映画や、実験映画・個人映画を中心に網羅、紹介しているが、文中、『十九歳の地図』試写で、出来立てのホヤホヤの本誌先号を受け取った。懐かしさのあまり、泣いて涙がチョチョ切れた！」とある。むろん、皮肉交じりだが、ほんとにすみません。氏への追悼拙文（キネ旬5月上・下旬合併号）は敬意不足だったかも、と反省しきり。

以上がMM20号内容だが、表4に「メテオ」、本文第1ページ目に「新・明日に向って撃て！」の全面広告。もとより、出稿していただくわけです、無料で、MM箔付のタメ。交換広告4誌が4分の1づつ1ページに。すっかりメジャーとなりし雑誌に、深甚の敬意を！

そして、もう一つ大事な、これは有料の1面広告でマンズワインのそれ！　高平哲郎氏が手配して下さっている広告で、毎号映画仕立てで（本山賢司氏・画）、今号は「コーシュウハリー3」。隅々まで笑いに満ち、当時、こういうのに笑う余裕もなかったかもと思うと泣けます。

たった、1号分だけの紹介に終わってしまえり！（編輯長のお許しあらば、もう〝未完〟でも！）

（うらさき・ひろみ）

シャンソニエ一面
ミスタンゲット、女優

戸崎英一

2018年12月10日「ミスタンゲットを発見せよ　フランス・サイレント映画の夕べ」という上映が、突然、東京大学で開かれた。実は、その前7、8日に日仏会館ホールでシンポジウム「シネマ　声、動作、音楽：サイレント時代のフランスと日本における映画上映」というのがあり、その後日の会という形なのだが、いずれもCNC（Centre national du cinéma et de l'image animée）の協讃なので状態の良いものが見られるはず。（東京大学では、その後15日にも Le Cinéma et des Poètes というフランス語でのシンポジウムがあり、そこでもCNCの復元の『Paris 1900』(46) を上映している。）ミスタンゲットの上映イベントには参加してきた。報告は遅くなってしまったが、見られた方も少ないだろうから、ここに残しておくことにする。

冒頭、野崎氏の説明、ミスタンゲットの映画が日本で上映されることはほとんどないとのこと。確かにそうだが、皆無ではない。『les timidités deRigadin』(10) の英語版プリント"A Shy Youth"が、小宮コレクションにある。日本公開は不詳とのことだが、『フランスとミスタンゲット』として1991年、竹橋にあった頃のフィルムセンターで上映されている。

他には、おそらく最も有名な作品、アルベール・カペラニの『噫無情』(LesMisérables)（12）は、当時日本公開されているが、近年の上映はない。シネマテーク・フランセーズが所蔵しているが、海外でもこれを全部上映する機会はあまりないのではないか。2010年のボローニャでの上映くらいだろう。もう一本確認できた日本公開作品は、『ミスタンゲットの第一』原題は Mistinguett détective (1917) で妙な邦題なのだが、続編に Mistinguett détective II (17) があり、そこから連続活劇の第一部と思ったのではないか。（この続篇の方も『ミスタンゲット第二』として公開されている。）この日、デジタル素材ではあるが上映された作品について順に報告しておく。

『痕跡あるいは赤い手』
(L'Empreinte ou la main rouge)
1908

ミスタンゲットの最初の映画、ポール・アンリ・ビュルゲの唯一の監督作品となる。残されているプリントは不完全なもので、1993年にシネマテーク・スイスで見つかった35㎜プリントからCNCが復元。また、オリジナルの楽譜が残されており、それから音楽を入れたとのこと。前半はほとんど失われており、音楽とともに字幕が続き、第4景（tableaux)、ミスタンゲットとマックス・デアリのアパッシュ・ダンスの場面から始まる。この伝説的なダンスのプリント、冒頭の復元の説明によるとこの場面のプリントはCNCで保存されていた28㎜が残っていた

ミスタンゲット（1917）

のは嬉しい。

伝説的な内容を、藪内久の「シャンソンのアーチストたち」（松本工房・1993）より引用してみる。（この部分、年代の誤りを含め、いくつか疑問があるが後述する。）

1909年、長年の夢だった〈ムーラン・ルージュ〉のステージに立ったミスタンゲットは、マックス・デアリと組んで〝ラ・シャルペー〟と呼ばれるアパッシュ・ダンスを踊って一大センセーショナルを巻き起こした。（略）このダンスを考案したのはデアリ自身で、彼は当時すでにスターとして君臨していたが、ミスタンゲットの肢体を見て思いついたのがこの踊りだった。〝ラ・シャルペー〟はヨーロッパ諸国に伝播し、画家のヴァン・ドンゲンは二人をモデルにした作品を残している。

このダンス場面は、フランス語では、〝La valse chaloupée〟（chaloupée は傾いたの意）と呼ばれることが多いのだが、それはフィルム・ダール社のオリジナルのポスター（アドリアン・バレール作）に記載されている全11景の名の一つではない。4景は《La Marlotte》（地名）となっている。同じポスターの最下部には、Danse Apache dansee par M Max DEARLY et Mlle MISTINGUETT とあるが、やはり単に〝Danse Apache〟なのだ。

〝La valse chaloupée〟の名称は、1908年、ミスタンゲットとマックス・デアリがムーラン・ルージュでこれを踊った年に Choudens から出版された楽譜に、英語名〝The Apache's Dance〟とともに出てくる。（オッフェンバッハのモチーフとなっているが、オッフェンバッハがこのメロディを使った際も、この名称は使用されていない。初出のバレエの「Papillon」（1861）では《Valse desRayons》、のちに「Le Roi Carotte」（1872）で用いられた際には、単にValse と呼ばれているということ。）このピアノのみの譜の表紙はこの二人のイラストだが、翌1909年に同出版社から発行された楽譜（ピアノ譜と歌詞）では、この歌を吹き込んだ歌手ポール・ダルブレ（Paul Dalbret）に変わっている。（この2種の楽譜、一応ここでは発行年としておいたが、正確には記載されているCopyright の年で、実際のところは同じ時期の発売の可能性は高いのだが、歌詞が後から付いたことは判断できる。）こちらが、録音ではおそらく一番古いものだろう。（EPM の Anthologie de la chanson française のシリーズでCDになったことがあるので、今はすぐに見つかるはずだ。）このヒット後、やはり似たようなタイトルの曲が作られたようだ。少し調べると、以下のような楽譜が見つかる。

La nouvelle Valse chaloupée (L. Digoudé-Diodet, 1909)（曲：PétrusMartin, Orch.: Auguste Bosc）；Roi des zégottos -valse chaloupée-,étude réaliste comique. (G. SIEBER, 1910)（詞：Lerda et Fournol, 曲 :Camille Robert）；Apachette（valse chaloupée）(1911)（詞：P. Depoix, 曲 :Noé Faure)

本来、デアリ考案の踊り自体、あるいはこの曲名を指す固有名詞だったのだが、曲名の後の括弧内に記載されるようになる、つまり、曲のスタイルとして認知されて行く様子がわかり面白い。

なお、CNCで発見された28㎜のPathé KOK は1912年から使われている形式で、フィルム・ダールが製作を止めた1911年以降、何らかの時点でこのリダクションが作成されたことになる。もはや時代遅れと成っていたフィルム・ダール作品としてではなく、まだ価値があると考えれたこの部分だけを販売したのだろう。この28㎜のプリントに記されていたタイトルは、『La valse chaloupée』であったということだ。

また、キース・ヴァン・ドンゲンがこの二人を描いたとされる作品も、同様に«La valse chaloupée»と呼ばれている。（この絵は1906年頃の作品とされていたこともあるが、ミスタンゲットは1907年7月29日にムーラン・ルージュに初出演で、前述の通りこれを初めて演じたのは1908年であるから、このモデルがミスタンゲットであるとすれば、1906年のはずはない。（近年の展覧会の図録[2]では1909年頃の作品となっている。）デアリはすでに1906年にエーヴ・ラヴァリエール（Ève Lavallière）を相手にこれを考案しており、ヴァリエテへ持ち込んだが断られているので[3]、この年と混同されていると考えるのが妥当なようだ。）むしろ、1914年作とされる、オランダの画家キース・マクス（Kees Maks）（1867〜1976）の«La valse chaloupée»に描かれている女性はミスタンゲット風に見える。絵画の方でもこのイメージは定着したようだ。

さて、映画に話を戻そう。今回の復元版の音楽は、前述の通り、オリジナル楽譜（1908年10月10日〜18日にMathot より発売）をもとに構成されており、安易に«La valse chaloupée»の曲を入れたりはしていない。というのも、作曲のフェルナン・ル・ボルヌ（Fernand Le Borne）（1862〜

1929）は、今日ではほとんど忘れられたといってよいと思うが、マスネや、サン＝サーンスの下で、コンセルヴァトールで学んでおり、オペラだけでも8作は残した作曲家である。この残されている楽譜“l'Empreinte, Mimodrame en11tableaux”には11景ごとのタイトルと映画の場面がわかるようなメモが記されているので、この形での復元が可能となったとのことだ。[4]（因みに、楽譜での第4景のタイトルは“Valse Apache”である。）

この映画の撮影は、資料によって異なるのだが、1908年の7月、あるいは8月とされており、サン＝サーンスが作曲したことで、世界最初の映画音楽として著名な『ギーズ公の暗殺』の8月11～21日より前である可能性がある。ボルヌが作曲した時期は調べがつかなかったが、サン＝サーンスが作曲したのは、残されている手紙（10／8の日付）から9月末から10月初旬とされている。ジョルジュ・サドゥールが「世界映画全史」に引用した、10／31のイラストラシオン誌の記事では、フィルム・ダール作品の3曲の録音が終わっているとされる。初上映はどちらも、1908年11月16日、パリのシャラス・ホール（la salle Charras）において、「全パリの文学者と芸術家を集めて」[5]開催された。当日のComœdia紙の案内には『ギーズ公の暗殺』が先に記されているが、実際の演目の順はこれからは分からない。同紙の翌日の評（主演のSéverinをSéverin-Marsと間違えている）は、ドレスリハーサルを見てのものであり、[6]演目順に書かれているとは限らないのではあるが、『ギーズ公の暗殺』に最後に触れてある。こちらが売りとなる主演目であろうから、最後に上映した、つまり『痕跡』のほうを先に上映した可能性が高い。（ロラン・コサンディもおそらく同じ解釈をして、『ギーズ公の暗殺』がこの日の最後の演目だったと記述しているし、[7]サドゥールにも引用されている、ル・タン（Le Temps）誌、1908／11／23の評も、最後に『ギーズ公の暗殺』に触れている。）また、これらの評によると、当日オーケストラを指揮したのは、ル・ボルヌ自身であり、前述の録音が存在していたとしても、使用されていないようだ。

実は、この日の演目には映画はもう一つ『ミルトの秘密』（Le Secret deMyrto）があり、同じ資料によれば、これがこの晩の最初の上映演目となる。ガストン・ベラルディ（Gaston Bérardi）（1849～1926）の音楽詩（Poème musical）とした、1909年発行のピアノ譜（Heugel & C 発行）があり、この映画の一場面と思われる写真が入っている。楽譜は映画のための編集版（Edition réduitepour cinema）と作曲者による完全版（Édition d'artiste complète）の2種が出たようだが、フランス国立図書館（Bibliothèque nationale de France）にあるのは完全版の方の様だ。これも映画と共に当日演奏されているはずだが、この舞台の初演は1907年1月4日、パリのフィガロ・ホール（Salle Figaro）ということなので、純粋に映画音楽とは呼べないだろう。何れにせよ、『ギーズ公の暗殺』を世界最初の映画音楽とする場合は、同日、おそらくそれよりも早い時刻に発表された『痕跡』は並記されるべき作品なのである。（もう一作『ユリシーズの帰還』（Le Retour d'Ulysse）の曲（ジョルジュ・ユー（Georges Hüe）による）が上述の10／31のイラストラシオン誌による。それまでに準備されている3曲のうちの一つなのだが、映画はこの日の上映ではなく、1908／12／8が初上映となる。）

映画の残りの部分は、後半7〜11景となる。ここから主演のピエロを演じるセヴラン（1863〜1930）（通例セヴランだけ、あるいはle mime Séverin と呼ばれる、ピエロやパントマイムの芸人）が物語の中心となる。（実際には第1景（PauvrePierrot）から登場しているはずなのだが、ここは失われている。）ミスタンゲットは、4景のダンス場面の後では、1カットは出ていたように覚えているが、もはや物語には関係しない。フィルム・ダール作品というと、時代物を連想しがちだが、このようなパントマイムを原作とする現代物もあったことは注目したい。まだセットは書き割りの時代なのだが、ロンドンのアルハンブラ劇場で、パテの配給で上映された際の The Bioscope 誌には夜のパリの様子が生き生きとしており、人間の声の欠如を忘れるほどだとの評が残っている。残存しているこの後半部分に関しては、彼は舞台の中心におり、演技だけ見ていても筋はよくわかるが、物語全体はよくわからない。また、前述のサドゥールに引用されている評にある、〝ピエロの影〟という表現も、不明のままだ。

他の人物についても簡単に触れておこう。後半でジプシーダンスを踊るのは前述したフィルム・ダール社のポスターに名前がないが、スタシア・ナピエルコウスカだ。ポスターに名前がある DIEUDONNÉ de la Renaissance は、今回のCNCのプリントの冒頭では Albert Dieudonné としてあったが、現在のシネマテーク・フランセーズ、及び、パテ・アーカイヴのオンラインの資料では AlphonseDieudonné（1834〜1922）である。当時ルネッサンス座にいた俳優でアルベールの叔父に当たるらしい。プリント上で確認できなかったが、残されたシャラス・ホール発行のプログラム《Vision d'Art》（1909・2・5）因みに、このプログラムではデアリとミスタンゲットのダンスを《La valse chaloupée》と紹介している—によると、彼の役は大公（le Grand duc）なので[8]、失われた第3景（LaTournée des Grands Ducs）に出ているのだろう。映画辞典類（例えば[8]）によると、アルベール・ディユドネ（1889-1976）は、この叔父に連れられて、劇場に出入りしており、この作品や、『ギーズ公の暗殺』、『ユダの接吻』（LeBaiser de Judas）（1909）のフィルム・ダール作品に出ていると言われているが、ケヴィン・ブラウンロウは、彼は1915年まで映画活動をしていないとしている。[9]

さて、ここまでで予定外の調べものをしてしまい、長くなってしまった。この日の上映作品はあと2本あったのだが、残りは簡単に触れるに留めておく。この2本はヨーロッパではDVDが発売されているので、内容は簡単に確認できる。

『恐怖』(L'Épouvante)(1911)

アルベール・カペラニらしい少し古めかしくはあるが、しっかりとした構図が基本ではあるが、ベランダなどの屋外の構図が面白い。ミスタンゲットも、女優の役で、奔放な表情がよく出ていた。インタータイトルはドイツ語。(DVDはCineteca di Bologna からの「Albert Capellani - Un cinéma de grandeur1905-1911」(2011)に収録。)

『金髪のシニョン』(Chignon d'or)(1915)

同じく女優を演じているが、ミスタンゲット本人の役というそれだけでも面白そうな作品。さらに、当時の活劇風のアクションも自分で演じて、車から端へ飛び移るなど、期待に違わず楽しませてくれる。アリ・ボール共演。市販のDVD(「Mistinguette」(LJC Editions, 2016))を後日確認したところ同じCNCの素材からなのだが、この日の映像はそれよりもコントラストがよかったように思えたのだが、記憶違いかもしれない。

なお、監督の一人、アンドレ・ユゴンも、忘れられている人だろうから、一言だけ触れておこう。2001年の雑誌「1895」の33号「Dictionnaire

1920年代のミスタンゲット

du cinémafrançais des années vingt」では、quasi «inconnus» とされ、ほとんどの辞典類に載っていないとか。この頃ミスタンゲットの作品も何本か撮っているが、フランス最初のトーキー『三仮面』の監督としても知られ、作品数はかなり多い。一本だけ挙げておくと、「La rue sans joie」（１９３８）、パプストの『喜びなき街』のリメイク。２００５年に『André Hugon cinéaste de laMéditerranée』というドキュメンタリーが作られているが、筆者は未見。日本ではまだ評価されていない一人だろう。

このイベントに来日したＣＮＣのベアトリス・デ・パストル女史の解説によると、残存していたプリントにはインタータイトルがなかったため、今回の復元で最低限のものを作成したということ。同氏はミスタンゲットの人生に関しても解説していたが、女優としてのミスタンゲットは、フランスでもやはり忘れられているということだ。

この日の観客の中にも、シャンソンでミスタンゲットに親しんだ世代はあまり見当たらなかったようだ。イベントの時期が悪いのか、音のないミスタンゲットを見ても仕方がないと感じているのかもしれないが、特に『金髪のシニョン』など、研究者向け映像としてだけではなく、女優としての、そして、映画ならではのミスタンゲットを見ることができ、今回の短い時間での3作品は好選択であった。作品選択はＣＮＣ所蔵の物を何を選んでもよいと、東京大学側に任されたそうだ。ただ、復元に関する解説はもう少しあってよかったかと思う。『痕跡』に関して私が上で記載したことは、当日は触れられなかったことを中心に述べた。プリントの冒頭に復元に関する記載が少しあったが、なぜかこの種の企画にはどう考えても不要であろう弁士がいたにもかかわらず、そこは訳さず、相変わらず余計なことばかり喋っているのは戴けないが。

近年はほとんどがデジタル素材での上映であるため、こういうイベントは開きやすくなっているはずだ。カペラニの『噫無情』のような大作は、パテの大規模な回顧展でもないと難しいだろうが、トーキー作品の『リゴルボッシュ』(Rigolboche)（１９３６）も、「Oui, Je suis de paris（私はパリっ娘）」等の曲は有名だが日本未公開だし、おそらくそれ以上に人気のある歌手、ダミアのトーキー作品『ソラ』(Sola)（１９３１）などと組んで、もう少し大規模に上映をしても良いかと思うのだが。今日のようにＤＶＤなどであればこれらは簡単に見つかる状況であるため、シャンソンに詳しい方であれば当然見ているものであろうから、改めて紹介する必要がないのかもしれない。しかし、映画というものは、自分の専門から少し外れた領域のものを見ていると、意外な発見があって面白いもの。今回のように、女優としてのミスタンゲットを取り上げたことは有意義な企画だったと言えよう。

【註】

1 James J. Fuld, The Book of World-famous Music: Classical, Popular,and Folk, Fifth Edition, 2012, p 104.

2 Nathalie Bondil, Jean-Michel Bouhours, Van Dongen, Musée desbeaux-arts de Montréal / Nouveau musee national de Monaco / Hazan,2008, p 203.

3 Ariane Martinez, « Jeux de main. Le rôle des mimes dansl· Empreinte ou la main rouge (1908) et la Main (1909) », Alain Carou,Béatrice de Pastre, éd., « Le Film d· Art & les films d· art en Europe (1908-1911) », 1895, n° 56, décembre 2008, pp. 133-147.

4 Laurent Guido, « "Quel théâtre groupera jamais tant d' étoiles ?"Musique, danse et intégration narrative dans les attractionsgestuelles du Film d· Art », Alain Carou, Béatrice de Pastre, éd., « LeFilm d' Art & les films d· art en Europe (1908-1911) », 1895, n ° 56,décembre 2008, pp. 148-172.

5 G・サドゥール　世界映画史 I［第2版］丸尾定 訳（みすず書房 １９８０）より。サドゥールはこれを12月の試写会としており、さらにシャルル・パテが、ラフィットに幕間で「あなたは私たちよりも優れている」と声をかけ、作品の配給権を買い取ったことになっているが、そうであるとすれば、パテは『ギーズ公の暗殺』を見る前に声をかけたことになる。「世界映画全史」（原書の１９７３版で確認）では、『ギーズ公の暗殺』の上映後と訂正されており、この上映会の記述も招待客への試写会と控えめだ。なお、この時点で、パテはすでにフィルム・ダールに出資している。（また、ついでに述べておくと、邦訳の「世界映画全史 第4巻」（国書刊行会）のこの章は、「パントマイム役者のセヴラン＝マルス」、「アルベール・ディウドネ」と、何れも原書を誤って補ってある。）

6 « Les programmes du Film d· Art à la salle Charras », 1895, n° 56,décembre 2008, pp. 64-68.

7 Roland Cosandey, « Le plan de l'escalier. L'Assassinat du duc deGuise (Film d'Art, 1908) : espace, temps, corps », iichiko, a journalfor transdisciplinary studies of pratiques (Tokyo) , n° 64, automne1999, pp. 36-64.

8 Dayna Oscherwitz, MaryEllen Higgins, The A to Z of French Cinema,The A to Z Guide Series, No. 88, Scarecrow, 2009, pp 143-144.

9 Christine Leteux, Albert Capellani: Pioneer of the Silent Screen,University Press of Kentucky, 2015, p 174.

（とざき・えいいち）

『夜光珠を繞る女怪』を中心に
昭和二年、甲賀三郎の探偵活劇

湯浅篤志

甲賀三郎の映画化作品

戦前に活躍した探偵小説作家に甲賀三郎がいる。この「甲賀三郎」はペンネームで、本名は、春田能為《はるたよしため》。「甲賀三郎」は、郷土の英雄伝説で知られている「甲賀三郎兼家」からとったそうだ。

当時、甲賀三郎は、探偵小説界においては江戸川乱歩と並んでビッグネームであり、それだけではなく、一般雑誌や新聞にも小説やエッセイを掲載する人気作家の一人だった。それゆえ、創作作品の映画化は多いと思われるのだが、戦前には四本しか映画化されていない。

一本目は、昭和二（一九二七）年に『夜光珠を繞《めぐ》る女怪』であり、次に昭和四（一九二九）年九月四日に『荒野《あれの》』が、続けて九月六日に『短銃と宝石』がそれぞれ封切られていた。四本目は、少し飛んで、昭和七（一九三二）年九月に『姿なき怪盗』の前編が、一一月にその後編が上映された。いずれも昭和初年代の白黒無声の上映である。

初めて映画化された「夜光珠を繞る女怪」は、『苦楽』昭和二年六月号に掲載された小説であるが、その角書きには「侠盗奇譚」とあり、必ずしも探偵の謎解きに焦点が当たった作品ではなかった。スタイリッシュでおしゃれな挿絵も多数あり、とくに登場人物の怪紳士がアルセーヌ・ルパンを彷彿する姿として描かれている。『苦楽』編集部の意図としては、「侠盗奇譚」という義侠心のあ

る盗賊の物語、いわゆるルパン物の一つとして読んで欲しかったことが推察される。

甲賀三郎の最初の映画化作品『夜光珠を繞る女怪』は、どうやら当時の探偵映画の一つの方向性を示しているようなのである。

小説『夜光珠を繞る女怪』の挿絵。スマートな怪紳士の姿

クールな怪紳士の映画広告

「夜光珠を繞る女怪」は、昭和二年八月頃に井出錦之助によって映画化される話が持ち上がった。「東亜京都通信八月廿六日調査」（『キネマ旬報』昭和二年九月一日号）には、「井出錦之助氏は既報「時機到来」を完成し、次回作品は「苦楽」所載、甲賀三郎氏原作なる「夜光珠を繞る女性《ママ》」を映画化する事に決定し目下準備中である」とあった。

井出は九月いっぱい、この作品の監督に関わっていて、ようやく下旬になると完成の目安もついたようだ。同欄「十月十九日調査」（『キネマ旬報』同年一〇月二一日号）では、「井出錦之助氏は「夜光珠を綴る女怪」を完成した」とあった。

脚色には内田徳司、撮影には窪添貴良が配された。主演は春海敏雄役で高田稔であり、登場人物の鶴見陽一役で本間直司、鶴見桂一郎役で五味國雄、鶴見千鶴子役で上村節子、神田四郎役で日向錦之助、大塚一平役で小林春美、伯爵夫人役に千種百合子、支那人園子役に川島奈美子だった。

封切りに関しては、主に関西方面で行われただけのようであり、昭和二年一一月三〇日から一二月六日まで神戸新開地の有楽館で、一二月一日から七日まで大阪九条の繁栄座で上映されている（「各地主要常設館　番組一覧表」『キネマ旬報』昭和二年一二月一一日号より）。ただ、当時の新聞広告を見ると、京都京極の中央館でも同時期に封切られたようである（『大阪毎日新聞』昭和二年一二月一日付の映画広告より）。

さて、その上映の二ヶ月くらい前、『キネマ旬報』同年一〇月一日号には、映画の広告が、すでに出ていたのが面白い。宣伝が先行していたのだ。そこには簡単な惹句もあり、「暗夜に輝く夜光珠の怪至る処に凄壮なる探偵眼は光る…怪紳士、伯爵夫人、支那娘、纏綿として事件は運ぶ」と説明があった。そして、一番目を引き印象的だったのが、ピストルを構えた怪紳士の姿だったのだ。

シルクハットの影姿を怪紳士の右隣に配したシンメトリーな写真であり、彼のスマートさを強調している構図であった。たぶん原作小説の挿絵を参考にしたものだろう。この出《い》で立ちから、当然思い出すのは、怪盗紳士ルパンのことである。

ルパン第二世登場!!

ルパン映画は大正一二（一九二三）年に日活の溝口健二の手で『８１３』が映画化されていたが、『夜光珠を繞る女怪』と同じ年、昭和二年四月に松竹キネマ（蒲田）製作で上映された『昭和時代』という作品の中にも、ルパンもどきが登場していた。アルセーヌ・ルパン第二世としての登場であり、そのアイディアには驚かされる。

『昭和時代』は、原作と脚色、そして主演も鈴木伝明が行っていた。監督は牛原虚彦であり、彼の帰朝第二回監督作品であった。牛原は東京帝大卒で、大正一五（一九二六）年に渡米し、ハリウッドで映画を学んでいる。帰朝後の第一回監督作品として菊池寛の『受難華』、第二回として、鈴木伝明と組んで『昭和時代』という「探偵活劇」を製作していた。

「各社近作日本映画紹介」（『キネマ旬報』昭和二年三月一一日号）によれば、ルパン第二世と称する怪紳士に鈴木伝明、トニイと呼ばれる青年泥棒に岡田宗太郎、トニイと親しき少女に柏美枝、地理学者田中博士に土屋四郎、探偵長木澤進に武田春郎、安田弁護士（悪党）に横尾泥海男、安田の子分に渡辺篤という配役であった。

物語は病いに冒され、伏せっている地理学者田中博士が語るところから始まる。「三年前私が南支那海を航海中、珊瑚礁の様な孤島を発見しました。勿論精密な海図にもない無人島です。この島が昔八幡船が支那沿岸を侵略した時、海賊連が奪つて来た財宝を埋めた一大宝庫であると知つた時、私は一ケ年の苦心を続けて漸く宝庫への抜道を探し得ました。この抜道の秘密を書いた地図を後年日本政府に捧げたいと命□《ママ》換ふる至宝としてゐましたのが一夜何者かに盗まれたのです」と。

枕頭でこれを聞く者は誰か、さらにこの秘密地図を追って活躍する名探偵木澤進。大悪党安田弁護士、若く美しき男女の泥棒あり、そしてルパン第二世と名乗る怪紳士の登場。かくして美しき港町に大活劇が開始される、と紹介されていたのだ。

映画『夜光珠を繞る女怪』の雑誌広告。主演の高田稔

『キネマ旬報』昭和二年三月一日号の映画広告では、そのボディコピーに「怪紳士アルセーヌ・ルパン！　自らアルセーヌ・ルパン第二世と名乗る不思議な人物の出現！　その敏捷さに於て、その溢るゝばかりの諧謔に於て且は無比の眉目清秀。そも此の紳士が正体や何？　断髪明眸の女賊あり、容貌《ママ》怪偉の大悪漢あり、自動車、オートバイ、モーターボート、ピストル、そうしたもの〻間を縫ふて

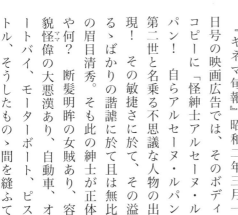

一本のステッキは稲妻と閃き向ふところ敵なし。平凡瓦石に等しき群小探偵活劇と同一視すること断じて勿れ」とあるので、松竹キネマ蒲田は、探偵活劇に必要なキャラクター的要素や背景、道具にもかなり力を入れて宣伝していたかがわかるだろう。要するに、財宝探しの冒険譚で、見て楽しい探偵活劇の映画化をめざしていたのだ。そして、この映画広告には、ピストルを構えるルパン第二世こと鈴木伝明の姿があったのだ。

ちなみに甲賀三郎にも「昭和時代」（『大衆文学集』第三集、昭和五年度版所収）という同名の小説があるが、まったく違う短編である。

怪盗ルパンという物語

鈴木伝明がルパン第二世を演じたアクション冒険映画に「探偵活劇」というレッテルがつけられていたことは、アルセーヌ・ルパンのイメージが人口に膾炙していなければならない。

モーリス・ルブラン原作のルパンシリーズは大正七（一九一八）年に保篠龍緒の翻訳でアルセーヌ・ルパン叢書が出版されている。また、大正一〇（一九二一）年には博文館から探偵傑作叢書の第一編として保篠の訳で『虎の牙』も発行されていた。

大衆小説作家の長田幹彦も、ルパン物に影響を受けたと思われる『九番館』を同年に発刊していたことは、ルパン物の影響の強さを窺える。覆面の黒服の男が、「自分はけっして盗賊ではない。ある大きな目的を達するために、こういう非常手段を取るのだ」と言いながら、大富豪から金銭を盗んでいた（『九番館』ヒラヤマ探偵文庫、二〇一九年より）。

昭和二年頃は、このように徐々にではあるが、怪盗ルパンの姿が読み物の世界では広がっていった。しかし、まだ映画の世界ではルパンの活躍するイメージは薄かった。

そこに鈴木伝明がルパン第二世として登場したのだ。「昭和」という新しい時代の冒険譚を、「探偵活劇」として訴えやすかったからだろう。自動車やオートバイ、モーターボートなどの乗り物を使った映像に取り入れたことも、モータリゼーションの国、アメリカ帰りの監督牛原虚彦が「探偵活劇」を、もっと冒険譚の活劇らしくするために考えたことであり、これからの新しい映画のあり方を示したかったたかもしれない。牛原は、「純米国式の手法を用ひ滞米中の蘊蓄を傾ける」と述べていたからだ（「春の陣容◆昭和時代」『キネマ旬報』昭和二年三月一一日号より)。

探偵活劇「闘争曲線」

探偵映画は、新しい「活劇」でなければならない。「昭和時代」の上映は、日本の探偵映画にその先鞭をつけたものといってよいだろう。

探偵小説作家小酒井不木は、「大衆文芸もの〻映画化」(『キネマと文芸』昭和二年七月号)の中で、「探偵小説を映画化したもので「拳骨」や「ファントマ」などは、兎も角、喝采を博したやうであるが、あれは題材の取り扱ひ方が、探偵小説化に都合がよかつたからであらう」と指摘している。そう考えることができれば、「昭和時代」においてルパンをめぐる素材の扱い方が、探偵小説の映画化に一つの道筋を示したことになる。

当時そういう状況の中で、マキノ・プロダクションは、昭和二年九月に「現代探偵悲喜活劇」である『闘争曲線』という作品を全七巻で製作していた。この作品もまた、「昭和時代」の影響をうけて作られたと考えるのは、あながち無理な想像ではないかもしれない。

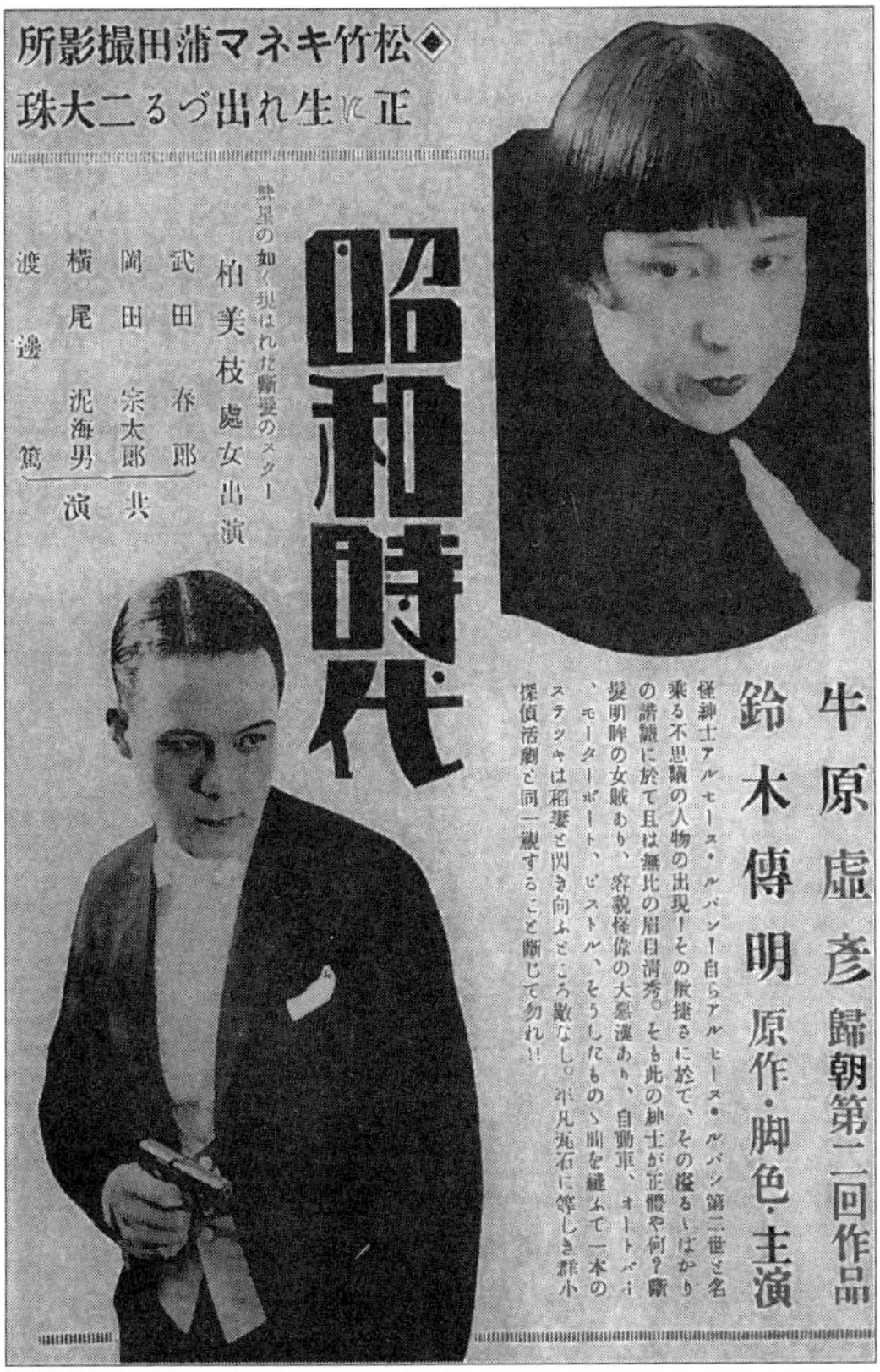

『昭和時代』の雑誌広告。主演の鈴木伝明と柏美枝

『キネマ旬報』昭和二年八月下旬号の映画広告によれば、監督に小石栄一、撮影に三木稔、藤井春美が配された。主演は杉狂児。その他、岡島艶子、小宮一晃、児島武彦、瀧澤憲、広田昂、大國一郎、住の江田鶴子などの俳優陣が記されていた。

広告には、「飛行機・オートバイ・モーターボート　あらゆる文明の機関使用」という惹句もあり、「昭和時代」の影響がここに現れている。スピード感あふれるモダンな機械乗物を映画で使えば、探偵活劇も、より活劇らしくなるという考えだったのだ。

監督の小石は、同年六月から『闘争曲線』に着手したようだが、勤務演習のために姫路第十師団に入隊し、途中で映画の撮影は中止となった（「マキノ御室通信　七月七日調査」『キネマ旬報』昭和二年七月一一日号）。しかし八月には勤務演習も終え、再び監督を開始している（「同　八月七日調査」『キネマ旬報』昭和二年八月一一日号）。

八月下旬には完成したのだが、ところが今度は検閲が通らず、保留となってしまったのだ（「同　八月二六日調査」『キネマ旬報』昭和二年九月一日号）。理由は定かではないが、「にほんもの丶画報」（『キネマ旬報』同号）によれば、杉狂児と岡島艶子のラブシーンの写真を載せて、「杉君が余り色男になりすぎた勢でもありますまいが、此映画は今検閲保留になつてゐます」とあった。

『闘争曲線』の甘いラブシーン。主演の杉狂児と岡島艶子

その後、九月一日から浅草公園の千代田館、京都新京極のマキノキネマで、八日からは大阪千日前の南座、新世界の第一朝日、神戸新開地の二葉館で、一五日からは名古屋大須公園の港座で上映されているのをみると、検閲は無事に通過したようである（「各地主要常設館　番組一覧表」『キネマ旬報』昭和二年九月一一日号、一〇月一日号より）。しかし雑誌などに掲載される映画広告は、ほとんどなくなってしまった。格好いい紳士の冒険譚にはラブロマンスが必要だが、少々過激で、宣伝を控えなければならなかったのだろうか。

そして、その代わりに出てきたのが、甲賀三郎原作の『夜光珠を繞る女怪』だったのである。

昭和二年の探偵活劇「夜光珠を繞る女怪」

東亜キネマで製作された『夜光珠を繞る女怪』の略筋は、「各社近作日本映画紹介」（『キネマ旬報』昭和二年一

映画『夜光珠を繞る女怪』での上村節子。左は日向錦之助。『芝居とキネマ』昭和２年 12 月号より

〇月二一日号）によれば、以下の通りである。

蒋家の家宝夜光珠と秘録が十数年以前一日本人によつて盗まれた。そして現在では実業家鶴見陽一の手に帰してゐた。こゝにその夜光珠を窺ふ三人の者がある。それは荷田《もちだ》伯爵未亡人と称する女と、十七才位の支那服の少女と、そして三年前には怪盗として有名だつた春海敏雄である。しかし又一人偶然この事件に関係を持つ探偵小説家神田四郎があつた。鶴見陽一の長男桂一郎は父に叛いて荷田夫人に組した。長女千鶴子は父に頼つたが突然陽一は殺され、夜光珠と秘録は盗まれた。かくて春海敏雄の活躍となり夜光珠を繞る女怪の出没は神の如く渦は益々大きくなつて行く。

これだけ読むと、小説原作の主な内容と同じようだ。違うのは人物設定で、鶴見は退役大佐であり、また探偵小説家神田四郎ではなく、雑誌編集者神田泰三で、千鶴子も千代子という名前だった。しかしストーリーの要約なので、映画の中ではどのような場面を見せているのかが気になってしまう。

原作の冒頭場面は、どうなっているのだろう。三月初めの夕方、銀座のカフェの二階の窓から街路上の左傾団体の乱暴狼藉を、「私」（神田泰三）が見るところから始まっている。そこには、十七才位の支那服の少女がいた。一方、カフェの中で「私」は突然、怪紳士に声をかけられた。街上には警察も現れ、スリリングな展開になり、支那服の少女は引き立てられていった。そして、向こうから現れた洋装美人の荷田伯爵未亡人が「私」と怪紳士に微笑みかけてくる。そう、これから起きるであろう殺人事件を暗示させるには、十分な場面展開になっていたのだ。

このような物語の映画化は、怪紳士と美女（未亡人）のラブロマンスが観客を引きつけるエッセンスになるのだが、原作においてそれに見合うような登場人物の設定はできていたようなのである。つまり、甲賀三郎の原作を活かして、ルパン物のような映画を作ろうとしていたことがわかるのだ。

『昭和時代』から『闘争曲線』を経て、『夜光珠を繞る女怪』へと続く、昭和二年の探偵映画は、探偵の活躍を描くというよりも、スタイリッシュな紳士の姿、言動で観客を魅了しようと、キャラクターを強く押し出そうとしていた。それを演じる俳優に頼る、ある種のスター主義だったといえるだろう。それがうまくいったかどうかは、原作も大切だが脚色、演出も含めて、監督の手腕にかかっている。

同年三月、江戸川乱歩の『一寸法師』を映画化した志波西果はそれに関して、「本年度本邦各社監督作品総決算」（『映画時代』昭和二年一二月号）の中で「一寸法師は聯合映画にて直木三十五兄の統率下に完成。マキノにて配給。世評甚だ悪し」と述べていた。『夜光珠を繞る女怪』の井手錦之助も、「自信あるものと申し上げる程の元気がありません。（中略）その世評も、そのまゝ受け入れて私の内省を深めるためです」と語っていた。いずれの映画も自信なきものとして監督達には思われていた。

しかし、昭和二年という時代の中で、小説上の探偵や怪紳士というビジュアルな素材を使って、ハンサムなスターによって映像を華やかに動かし、探偵映画を面白くする試行錯誤を続けていたという事実は見逃せない。それはルパン物のイメージが映像として広まってきたから可能だったことであり、またそういう素材を映像化する技術、道具も整ってきたからだろう。

「探偵活劇」「純探偵映画」という、どのようなレッテルをつけても、観客に喜んでもらえれば成功だったのだ。甲賀三郎の『夜光珠を繞る女怪』は、そういう意味で昭和二年の年末を飾るのにふさわしい探偵活劇といっても過言ではなかった。

（ゆあさ・あつし）

B級映画を語る④

松竹時代劇は負け組

永田哲朗・増淵健

増淵　ところで森野五郎の話ですが、最近（本対談は80年代の収録）お会いになって、蒲田は脚本に金かけない、時代劇は危険だから手をつけない、ということですが、これは永田さんが松竹の時代劇はつまらないということになるんでしょうか。

永田　僕もそんな古いのは見てませんから断定できませんがね。松竹の時代劇ってのは初めから負け犬だったんじゃないですか。日活イコール松之助でありましてね。それに対抗するものが沢村四郎五郎だとか市川莚十郎とかだったんだけど、田中純一郎さんが書いてたけど、四郎五郎の方が映画としてはむしろ良いんだと。いいんだけど興行的に松竹の前の国活というのは絶対的な小屋数が足りないので、影響力が少ないってわけですよ。松之助は圧倒的に津々浦々まで行くんだけど、国活はそれの、例えば三分の二であるとか半分であるとかでね、まず知られない。それからちょっと間延びがしているとかね、てなことがあってね、劣った。その沢村四郎五郎はずっとあくまで続いていくんですよ。松之助に対抗するのは彼一人だけなんです。ほかに嵐璃徳だとかいろいろいたんですけど看板としては四郎五郎。それを引きついだのが松竹なんです。松竹旧派は四郎五郎が看板だった。初めっから日活には負けているわけですよ。日活は河部五郎を松之助の後継者にしたわけでしょ。それで松竹が四郎五郎を切って売り出したのが森野五郎なんですよ（森野五郎の来歴は48号参照）。

晩年の森野五郎

　最近見つけた資料で、スター番付ですが、それが面白いことに大正16年となっている。大正15年に作ったわけですよね。それによるとね、森野五郎が横綱なんですよ。大河内伝次郎もそのころ出てきてるけどずっとランクが下なんです。阪妻は圧倒的に大将なんです。これが最高でね。森野五郎が横綱、河部五郎は張出横綱なんです。河部より上ということでしょ。そのくらいの立場にいたんだけれども、いかんせん監督も悪けりゃ、松竹という会社の方針とか金の使い方が悪かったということじゃないですか。その当時、もっと本腰を入れれば対抗できたかもしれんということはあるでしょ。

　役者の名簿をくるでしょ。全くないの、役者が松竹に。森野五郎がいてですね、久米譲とかいるわけですけどね、ほかの役者全くいない。だから藤野秀夫なんて新派出の年くった人を使って『清水次郎長』なんて作ってみたりしてね。日活にはズラーとしているわけですわ。尾上松之助を仮に除いて

斎藤寅次郎監督『魔道』で怪人を演じる森野五郎

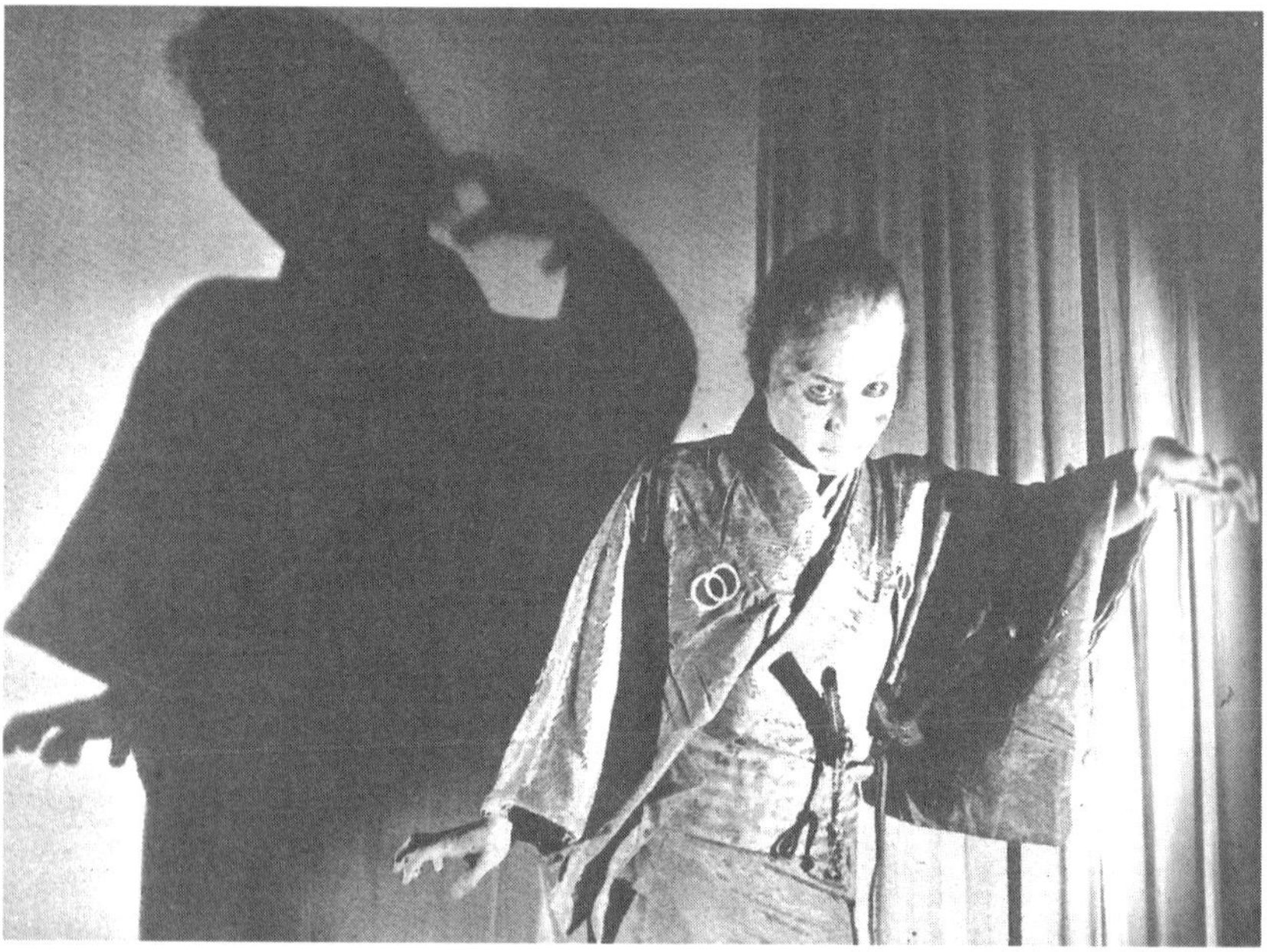

も、当時からの役者もいれば、どんどん新しいの来るわけですよ。新進気鋭がね。こっちは役者の絶対数が足りない。坂本武だとか河村黎吉だとか、僕らのイメージでいえば現代もののああいう役者がさ、時代ものにいたんです。当時幹部俳優でね。みんな最後になって現代ものに行ったような人たちがやってたんです。

増淵　そもそも興行的に、非力であったということがまず一つあって、それから更にキャストも貧弱であった。条件的に劣っていると……。

永田　松竹には蒲田調ってのがあって現代劇が圧倒的に強いわけですよ。城戸四郎ですからね。時代劇はどうでもよかったんじゃないかな。うまく番組にからみ合わせて当ればいい、てなもんじゃないですか。だから非常に気の毒であったと思いますよ。当たらなければ監督も批判される、したがって手を出さない。それでスターであっても時代劇はB級だと。

でも給料は高かった、と森野五郎は言ってました。月給五百円、いやもっと貰ってましたって。鈴木伝明と同じくらいだそうですよ。伝明も千円やそこらとってたでしょうからね。阪妻は二千五百円で、これがなんといってもトップでしたが。

増淵　当時の千円はすごいでしょうね。

永田　大変なもんですよ。家一軒建ったでしょ。これ何人もいないですよ。栗島すみ子とか鈴木伝明とかね。河部五郎だって千円とってないよ。男女優あわせて五、六人だろうと思うんですよ。森野五郎自身全て忘れられたってのは、やっぱり時代劇のメッカ京都にいなかったからでしょうかね。ヘンないい方だけど、あの『映画宝庫』の

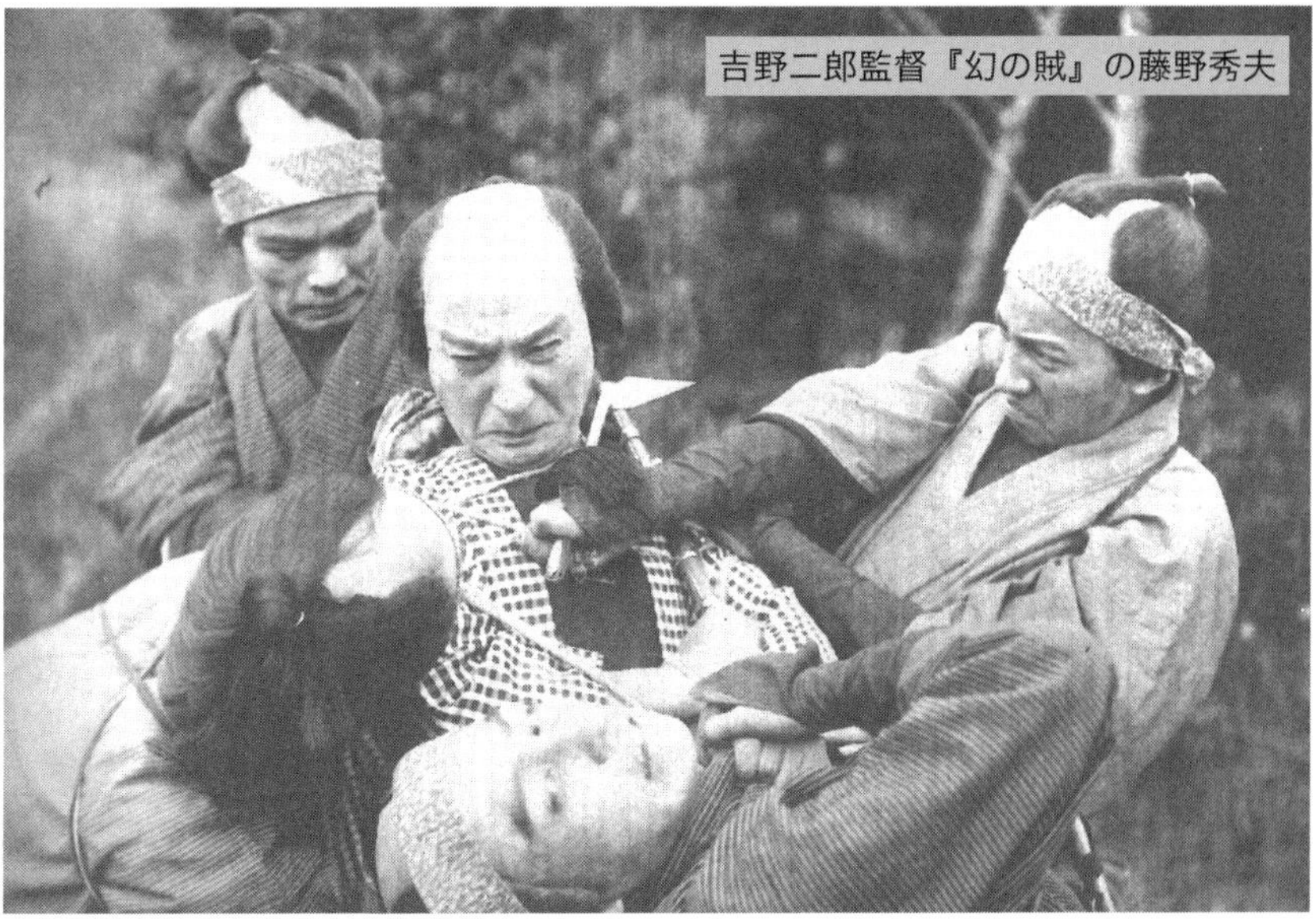

吉野二郎監督『幻の賊』の藤野秀夫

一文で復権したというか、何十年ぶりで活字になったというか……。

増淵　当然何回もお会いになったのですか。

永田　いや一回です。資料送ってもらったり、交流はありますが。

増淵　森野五郎はずっと東京でチャンバラ撮ってたんですか。

永田　関東大震災で京都に行ってたこともあるけど、大部分は蒲田で撮ってた。昭和二年に森野五郎が追ん出た後も市川松之助や吾妻三郎が残ったんですけど、すぐ蒲田時代劇廃止になっちゃう。森野がやめる前の年から京都の下加茂で衣笠貞之助の衣笠映画聯盟が時代劇作ってたんですが、林長二郎が『稚児の剣法』一本で爆発的人気を得て、こりゃイケるってんで、下加茂一本にしぼったということですね。彼がやめるのと、林長二郎が売出されるのと二、三カ月の差ですね。

増淵　横浜の喜楽庵に拠って戦争になるまで芝居を続けてたとありますね。

永田　そう、河合映画（大都の前身）を最後に銀幕から消えたんです。それでまあ自分は過去の人間だということで、弟子のこととかね名前出さなかったんですが、それじゃ歴史になんないと書いたので、やっと清川荘司や坂本武が弟子だったと話してくれたんです。渥美清もどうも世話になってるらしいね。

　それから大井広介さんが森野のチャンバラはダメだといってるの。ずいぶん不満らしかった。この点、僕が全く見ていないので困るんだけれども、最近、古い雑誌ひっくり返してたら、森野五郎がワキになってる『女侠お万』か何かで、立回りがスピーディでとほめてあった。旧劇の人たちにとって替ったんだから、当然、迫力とかスピードはあったと思うし、看板になるだけの何かがあったはずですよ。僕は雑誌のグラフで察するしかないが、『修羅八荒』でも白塗りの二枚目の感じじゃなく、河部なんかよりもっとシブいメーキャップでしたね。
増淵　松竹時代劇をはずしたといいますが、それは、何か松竹がつまんないとか、そういった感じなんですか。
永田　どうしてもね、伝統的になんかチャンバラが面白くないんですね。スターがいないちゅうかね、硬派のスターがいないわけですよ。僕らの時には林長二郎がトップスターでね、長谷川一夫ですね。坂東好太郎、高田浩吉、御三家だったんですが、三人ともどっちかというと軟らかい方だから、何ていうのかなあ、チャンバラ見てても迫力とかスピード感がない。どうもナヨナヨしてるっていうかね、面白くない。もちろん、それなりにいい男だし、カッコいいとこもあるんですよ。坂東好太郎は比較的良かった、キリッとしててね、しかしどうも面白くない。
例えば衣笠貞之助監督なんか、意識的にチャンバラ避けている。フィルムセンターで衣笠さんの作品を特集した時、『人肌観音』というの見たんだけど、ここで盛り上がるところだっていう時パッと変っちゃう。チャンチャンやってもたっぷり見せない。欲求不満ですよ、こりゃ。イカないみたいで。この映画に殺陣とか剣導とかなくて、刀剣てのがタイトルに出てきた。それで衣笠さんに刀剣って殺陣師と違うんですかって聞いたら、分からないっていうんです。刀を鑑定する場面もなかったし、刀剣ていうのほかで見た記憶もないし不思議でしょうがない。しかしその人の名前は僕の聞いてる範囲では殺陣師の中にはないんです。
増淵　衣笠さんにインタビューして？
永田　ちょうど見に行った時にそばにいらした。まあ衣笠さんは昔女形だからチャンバラなんて無関心なんですね。しかも衣笠さんや林長二郎ラインですわな、松竹の主流は。
増淵　チャンバラ・イヤ・ライン。
永田　そうそう。松竹の流れを見てると、硬派的な要素を入れたのは右太衛門のプロダクションが松竹と提携して出したくらいのもので、時代劇二本立てというと、右太プロと長二郎ものという風に……。全くチャンバラものが物足りないので徐々に外していったんです。それでも見ることは見ましたよ、かなり。『雪之丞変化』は戦後すぐですが、坂東好太郎は比較的見てる。オールスターものだった。『美女桜』だとか『鬼面三日月党』だとかね。
林長二郎が東宝に行って抜けてね、12年かな、この後に川浪良太郎ってのが入ってくるんですよ。新派の方の出でね、ドサ回りともつかないんだけど、自分で劇団作ってやってた人なんですね。それをマスクが甘いんで長二郎の後にすえた。亡くなった南部僑一郎さんにだいぶ前に聞いたら、僕が入れてやったんだといってましたがね。これがまた意識的にやさ型でね。女形ではないんだけど、どうもやっぱりいかん。『荒木又右衛門』なんて見られたもんじゃない。
（ながた・てつろう／ますぶち・けん）

売れそこなったコメディアン その五
早野凡平　その藝

飯田一雄

パン猪狩

西武線、高田馬場の駅員に「東村山はどう行けばいいのですか」と訊ねると、乗り換え場所から行き先の時間まで詳しく教えてくれた。私にとっては東村山は都心から離れた山間僻地のような鄙びた町のように思っていた。そう言えば、♪東村山ァ庭先は多摩湖……「8時だヨ！全員集合」でそんな唄うたっていたなあ。

うつらうつら。目を覚まして目的地の到着を気にしていたら、ひとつ前の「久米川」に電車が止まった。なぁんだい。久米川の近くだったのか。生涯、無名だった浅草のコメディアン。私とは兄弟縁者より親しかった天野良昭の住まいが久米川にあって私も訪れたことがある。すーっと視界が晴れた気がした。

天野良昭さん。懐かしいなあ。

通常なら、親子四人で静かな生活があるのに芸界という難しい仕事に迷い込んだ結果、主人としての天野は親子一緒に住めない境遇が待っていた。一年、春夏秋冬すべてを日本全国のヌード劇場を巡業して自宅に寛ぐ隙間もない。ご夫婦のキマリとして毎年の大晦日、午前十時に靖国神社境内の大村益次郎銅像で待ち合わせをして一家の健康を確かめ合う約束をしているという。奥さんは、もと浅草ロック座の女優さん。二人のこどもと一緒に久米川で生活している。元日の興行先に駆け付けるため、どうしても移動日の大晦日が年に一度の家族の集合日となるのだ。

久米川の自宅に天野さんについて行ったときのこと。たしか、当座の収入を自宅に届けるときのことだ。玄関を開けると二人のこどもの快活な笑い声が聞こえた。長男が昭《あきら》、年子の次男が昭一《しょういち》。昭のお古を弟に回せば昭の下に一を付ければという天野さんらしい発想だ。

小一時間も居ただろうか。用事が済んで私たちが腰を上げて見回すと、二人のこどもが居ない。家を出て、天野が呟いた。「いつも、こうなんだ。別れるのが辛くて俺を見送らないいんだよ。帰りの気配が判ると、きっと、どこかに行ってしまうんだ」。胸にずしんと痛みが伝わってきた。

そう言えば久米川はSKD。浅草にあった東洋一の白亜の殿堂、国際劇場でタップダンスの妙技で人気を攫った千月《ちづき》啓子の自宅があるのです。なんでもタップダンスの教習所を開設しているらしい。千月啓子さんは、もとSKDの踊り子で特技がタップダンスなのだ。すばらしいステップ。ジャズのスイングに乗せたタップダンスは絶品だ。強い幻惑的なライトを全身に浴び、燕尾服をまとった千月啓子さんが見せる軽快な足さばき。

しかし、特筆すべきは千月さんの笑顔が素敵だ。どうしてこう華やかな表情を作れるんだろうか。ふくよかな頬、おおきな瞳を輝かせ、口元を開いて純白な歯並びを光らせ、あきらかに健康な陽性の笑顔。あたりに幸福を撒き散らす伝播をこめた活力。彼女と一緒にいると不思議な活気がわいてくる。そうしたエネルギーが伝わってくる。逢いたいなあ、千月啓子さん。その彼女が健康を害して自宅で静養されているという知らせを聞いた。順調な快復を祈りたい。

心象風景を吹き消すように、間もなく東村山駅着。めざす東村山中央公民館は駅前から徒歩5分、立派な構造のビルであった。

漫談の青空うれしさん企画、構成の催しも十三回をかぞえて定着した。東村山で演芸の催しをやるという知らせを青空うれしさんから送られたとき、なんでまた、そんな郊外の住宅街を選んだろうかと思った。この地域には特異な演芸ファンが多く居住している場所なんだろうか。いえいえ、そんなことではあるまい。都内をはじめ演芸を盛り込んだ催しなど滅多にあることではない。うれしさんの情念だろうか。芸人が隅に追いやられた思いの丈を発露させたい感傷のはけ口なのだろうか。一流の芸人をメインに据えた強力な配列だ。

雨もよいの平日、二百人ほどの観客が集まった。ほとんどが中高年、高齢者。

幕開けは青空うれしさんの登場。昭和年代の歌謡曲オンパレード。観客には、ひといきに過去が蘇ったことだろう。目が覚める、うれしさんの高音がすばらしい。岡晴夫の「青春のパラダイス」まで一気に昔が蘇る。

つぎに「左利き」という名の若手の漫才。右側の人は言われてみればテレビショーに出てくる元代議士に似ている。似ているといわれて、じっと見ればたしかに、そっくりだ。左側の人が、もうすこし時間を掛けて観客に気付かせる時間が欲しかった。

以前、大阪に「ちゃらんぽらん」という漫才がいた。ひとりが天皇陛下そっくりで実にうまかった。帽子をかざして、一般の人々の歓迎にこたえる姿や口をモゴモゴさせて相槌を打つポーズが絶妙だった。この漫才は急激に人気をつかんで上昇したが、天皇陛下だもの。ウルサイその筋の圧力かどうか、確かなことはわからないが、奇妙に、ぴしゃッと天皇ネタをやめたとたん人気は急降下して、その後どうなったのだろう。

「お笑いバラエティ・石黒サンペイ・ヨンペイ」はジャグラーの親子コンビ。お父さんがカバーする気遣いが麗しい。のび盛りの少年が(わたし)と言っていたが、(ぼく)にならないか。

「浪花のおばちゃん、エリザベス」。弛んだ二の腕をぶるんぶるんと振って(振り袖)とする自己卑下の笑いが哀しいけれど、大阪のおばちゃんという日常生活のなかに活力をうまく掬いとって陽気に替えるバイタリティが救いになっていた。

「演歌歌手、笹みどり」。息を潜めた歌謡界のなかで日本調歌手の影は薄い。しかし、現実に現われた笹みどりは決して老いてはいない。全盛期の若さそのものの姿でステージにたっている。ヒット曲の(下町育ち)を丁寧に情感をこめて唄う一生懸命さが伝わってくる。

大御所といえば「東京太《あずまきょうた》・ゆめ子」の漫才。東京の芸能は生粋の東京弁の粋と鯔背にあると信じられたなかに、北関東のいわゆるイナカ弁を持ち込んだ数少ないパイオニアの東京太さん。

土の匂いを思わせるやわらかい土地の言葉が発する親しみ深いユーモアは土地に生を享けた人たちにどれほど熱い支持をうけたであろうか。激しい移り変りの世情の変化から、とり残された訛り言葉の豊かさを打ち消されるなかにイナカ言葉の漫才は残された文化財にも読み取れる。北関東の純朴な会話と仄かな警句。それに、ふくふくとした健康な笑い。

東京太さんの笑いはもう底を突く消滅を予感させる。


さて、ぺぺ桜井さん。ギターを抱えて出てくる。唄わない。小さな声で、どうでもいい笑い話を撒き散らす。客席が何を言っているんだろうとシーンとして耳を傾ける。取り立てて罪のない軽い笑いに同調して客席が和む。

ギターの弦を摘んで音をひとつ。しかし、演奏はしない。弦を押さえる指先を替えることによって音質が変わる。ナツメロの流行歌のメロディが沖縄民謡の曲調に変わり中国は上海の市街地に流れる歌に変わる。東南アジアに移って祭りの舞曲になりシルクロードを越えてヨーロッパの歌曲へとぺぺさんの指先が奏でるメロディが見事に移り変わる。

ギターの説明に入る。形状から前後、音を出す弦の数から音色まで笑いをふんだんに取り入れた説明が楽しい。素晴らしい話術。そして、ギターの演奏。

現代の数少ない一代芸。演芸誌「東京かわら版」にぺぺさんの半生記が掲載されていた。デビューはパン猪狩グループからと記されている。なるほど。ぺぺ桜井を形成させる元はパン猪狩にあったのか。バタ臭い芸。これがパン猪狩の売り物だった。

パン一族の洒落た洋風の芸は貴重な存在だった。弟のショパン猪狩。日本女子プロレスリング初代チャンピオン、猪狩定子。寄席芸の第一人者、早野凡平。テレビこども番組で人気を攫った坂本新兵。ぺぺさんがこのグループにいたことに親しみを感ずる。私もパンさんが亡くなるまで二十年ほど一緒に暮らしたことがあった。

東村山の催しを考える。その昔、風呂屋や床屋のように寄席があった。町内の人々は身近な息抜きとして、日常生活の気軽な娯楽としての施設であった。芸人の屈託のない滑稽な話術や研きぬかれた手練の芸を楽しむそれが寄席であった。時変わり、テレビ画像の活気ある若者の笑い芸に慣れてしまえば、老人の辛気臭い滑稽話をわざわざ足を運ぶこともない。それが、この、都心から離れた郊外の町場で演芸の催しを続けて公演していることは稀に見る快挙?なのか。『爆笑バラエティ!ワンコイン寄席』お一人様五百円。１００円ストアほどの値打ちで歓心を呼ぶより手が無いのだろうか。みんな、立派な腕を持った一流の芸能人なのだ。演芸はダンピングして、それも、５００円で呼ばなければ客は集まらない時世なのか。

それにしてもこの収益では会場費ですら賄い切れるはずはない。当日の出演料はどうなるのだろう。主宰の青空うれしさんの懐を斟酌したくはない。当然催しを支持し応援する情熱家がいなければ恒例とすることはできない。貴重な芸を体験できるチャンスも資金が欠乏すればそこで停止することになる。５００円程度の価値が大衆芸能に与えられた常識なのだろうか。東村山市立公民館の爆笑バラエティがさらに継続されることを祈らずにはいられない。こうした催しを小さな善意の終決と断じてはならない。さまざまな職業があるなかでこれほど冷遇される芸能人のありかたに目を伏せてしまう。

いつだったか早野凡平さんと語り合ったことがあった。彼はいつも芸界の衰退を怯えているように吐露していた。なにより自分の芸に納得が行かないと笑いをにじませながら話していた。それが未来を望んだ青年の野望のごとき新鮮な夢として受け取り私はひどく感動した。

昭和55年秋。私はパン猪狩ファミリーショーを企画し弟の東京コミックショー、妹のイカリサダコのギターショー。それに弟子の早野凡平が出演することになった。早野は、当時、浅草松竹演芸場に出演していたが、こちらが優先としてパン猪狩のパンショーに続いて登場することになった。場所は江東区錦糸町の空き倉庫、客席は折畳み椅子という粗末な場所だ。

早野凡平が出てくる。

えー。あれ（パンショーのこと）が素晴らしい芸ですかね。でも。何を隠そう。あたしの師匠ですからね。楽屋で聞いていてもナニやっているんだかわからなくて。あたしのほうが、見ていて判りいいですよ。でもまあ、よく考えれば、なんとなく、あんな系統ですかね。

最初にやるのは縄の芸です。じつはこの縄、道におっこちていたんですよ。落ちているのをみたら目が合ってあたしも出たいと言うものだから、じゃあ一緒に出ようというんで連れてきました。

京都に冷泉家《れいぜいけ》って古いのがあるでしょう。あそこの古文書にも載っているんです。

縄の芸ッってものは、古いんですよ。縄文時代に出来たくらいで。では､最初に縄踊りというのを紹介します。はー、はらはらほろいでいで。あーら、やだやだァ！

あーら、はらはら（縄をぶらぶらさせて奇妙な踊り）……ッて、こんなもんです。

これを今風にアレンジしたものが、例えば、公園。お爺さんが散歩していますう（縄の先をひょいと曲げて、ステッキにする）。こっちから乳母車が来ます。（縄を把手にする）。焼き芋屋が通る（屋台の引き手にする）。自転車が通る（ハンドルにして、ランランランランと鼻歌）。公園の池に白鳥が泳いでいる（縄を白鳥の形にして、ラーラララララーと白鳥の湖のメロディ）、アヒルも泳いでいる（くちばしをちょっと直し、ゲーゲーと鳴く）。ボートが浮かんでいる（オールにして漕ぐ）公園の枝ぶりのいい枝に（首に縄を巻いて、目を白黒させ、舌をだらり）……。（縄を刀に見立て）赤城の山も今宵限り、可愛い子分のてめえ達とも、別れ別れになる門出だ。（刀が十手になり）忠治、御用だ。（また、刀になり）南の空に雁が飛んでいかあ……。

話は飛んで、日本昔ばなし。浦島太郎は（縄を巾着のように丸める）。自分の巾着から小銭を出して亀を助けてやりました。（カメの形にする）すると亀は、ありがとうと頭を振って海に消えて行きました。そして、どういう訳だか、また現われて浦島太郎に、乗っていきなさいよ。かめへん、かめへん。なんて、訳のわからないことを言って竜宮城に行きました。（この催しは町内会の後援で、子供を無料招待したものだから子供がかぶりつきを占領して私語が絶えない。ねー、そんなに早く竜宮城に行けないでしょー）これは、そういうものなの。省略法っていうね。さて、竜宮城には（縄をスカーフにする）なんと美しい乙姫さまが待っていてくれました。ゆっくり遊んでいってください。いろいろ魚も泳いでいます。（ふたたび野次、海のなかじゃあ息が出来ないじゃない。それを無視して）これはサメ。これは金魚（と、形を作って行く）。はい、平目。（引っ繰り返して）カレイも泳いでいるじゃありませんか。蛸も泳いでいるじゃありませんか。珊瑚も泳いでいるじゃありませんか。スルメも泳いでいるじゃありませんか。（スルメを小さくして、子供たちに）じゃあ、これは？（あちこちから、わかんなーいの声）。エンゼルフィッシュも泳いでいるではありませんか。もう、飽きたので帰ると言ったら浦島太郎は玉手箱を貰いました。（煙が出るよ。煙と子供たちの声）。家に帰って箱を空けると、なかにドライアイスが入っていて、その煙で太郎はお爺さんになってしまいました。

いろいろ出来るんです。じゃあ、桃太郎やろうか。（子供たち、はーい）お爺さんは山に柴刈りにお婆さんは川に洗濯に。川上から大きな桃（以下、形を作って行く）。これ、玉葱じゃないよ。家に帰ってお爺さんに食べさせてやろうと桃を切ったら中から男の子がオギャー。桃太郎は客席でわあわあ騒いでいるような子供と違って、おとなしいよい子に育って、ある日、鬼退治に行くことになりました。これがキビ団子。その団子を私にくださいなと猿。（へんなの！　と子供の野次）あ、そうだ、この縄の作り方教えてあげます。あとで作りなさい。縄のなかに盆栽用の針金を入れたの。とくに、ご年配の方。元気になるために肝心なところにこの針金を入れるといいデスよ。

さ、何をやろうかな。パンティストッキング。これを被ることによってストレスがとれます。だから、あたしはこれを、お客さまの為にやるのじゃなくて自分の健康の為にやっております。

チャンチャラチャンのチャンチャラチャン、チーランタンのチャンチャラチャン（取り出したパンストを頭に被り）おやすみなさーい。ナイトキャップ。（被った端を引いて顔を覆い、目だけ出して、口で剣劇の伴奏）チャーン。チャンチャラチャンのチャンチャラチャン、正義の味方、鞍馬天狗だ、かかってまいれ。

チーランタンのチャンチャラチャン。（パンストの足を首から下げて遺骨の箱に見立て）ドッカン！　交通事故（パンストの足を耳にして）チーランタンのチーランタン。チャララチャラララ兎のダンス（全部、すっぽり被って）てるてる坊主、照る坊主。あした天気にしておくれ。チーランタンのチャンチャラチャン。

あの。なんで、チーランタンってやるかというと、これ唄っていないと気持ちが落ち込んで、ばかばかしくなっちゃうからです。チーランタンチーランタン（重量あげのユニフォーム姿になり）オリンピックの三宅選手。チーランタン、チーランタン（覆面になり）忍者……あくまでも自己満足の世界。チーランタンチーランタン（盗

早野凡平

人かぶりで）御用だ！　鼠小僧次郎吉。

チーランタンのチャンチャラチャン（黒いのを被り）黒人。チーランタンのチャンチャラチャン（白いパンストに替える）白人。チーランタンのチーランタン（黄色に替える）日本人。チーランタンのチャンチャラチャン（赤いパンストに替える）人参。（すかさず子供の野次で大根）あのね。大根じゃあちっとも面白くないの。ッたく。芸人の苦労なんて判っていないんだ。

あ！　そうだ。これやんなくちゃ。帽子。

これ、ありがたいことにパン猪狩先生から貰ったもので。いや、あたしが買わされたもので、五百円に酒一升つけました。ホンジャマー……（習字の下敷きにするフエルトが原料で真ん中に穴が開いた鍔だけの帽子。それをぐしゃっと畳んで頭にのせ）ローマ法王。はー、ホンジャマー（帽子を細長くして被り）アイム、カウボーイ。（以下、次々に形を変える）ハーホンジャマー、わが辞書に不可能の文字はない、ナポレオン。（右手を左胸の内側に差し入れ）なぜ、胸に手をやっているかというと、蚤に食われて痒かったのだ。ホンジャマー、仁丹の看板。ホンジャマー、お坊さん。（木魚を叩く仕草）御親戚の方からどうぞ。ホンジャマー、消防士（ホースで水を掛ける仕草）。チーチーランタンチーランタン。（覆面にして）銀行強盗。（覆面の位置をずらして）列車強盗。ホンジャマー。（顔をみんな覆って）目の見えない強盗。ホンジャマー（ゴルフ帽にして）アーノルド・パーマー、ナイスショット。チーチーランタンチーランタン、鉄腕アトム。チーチーランタン、チーランタン。（バタフライに見立てて）ストリップ。（ヤらしいと子供たちの声が騒がしい。早野凡平は真顔になり）あのねえ、どうして静かに見ていられないの。計算に基づいたギャグが流れるように出来ているんだけど今日はダメ。こんなにお子さんが煩くちゃ。（いきなり内ポケットから竹笛を出してぴーっと鳴らす）。そして、ハンガリアン舞曲を熱演。（一渡り演奏が終えると場内は大喝采）さあ、なんかリクエストありますか。（子供の声で『ペッパー警部』）おじさんは、ここにいる子供のリクエストはみんなお断わり。これやるの……（『赤城の子守歌』を笛で吹いたり歌を唄ったり交互にやるから忙しい）泣くなぁよーしぃよし　ねんねぇしーなぁー。あの、これはどうも、歌詞を、はっきりさせるには口で笛を吹いてはダメで、鼻を使わなくちゃ（鼻でメロディを吹き、口で唄う）泣くな、よしよし、ねん、ね、しぃなー。（子供の声、わかんないよー）あのねえ、やっているほうだって感情があるんだから、さあ。（子供がカンジョーってなあに）感情って生きるためにとても大切なものなの。ナマのお客さんと一体になろうという、つまり芸能人のあくなき心が燃えるこちら側の接点にあるのが感情ってものなのね。あんたたち子供はタダだけど入り口でお金を払っている人もいる。そのお金の勘定も大事なことだけど感情はもっと大切なものなの。

（楽屋に向かって）あーあ。これはもうメタメタだあ。（子供の声、なんでー！）こんな子の親御さんはたいへんでしょう。おじさんはいま、怒っているんだ。大事なお客だと思えば我慢しているけれど、さあ、やるだけやって、もう、帰っちゃおう。（気を取り直して『赤城の子守歌』を笛で演奏）今日は子供大会とは知りませんでした。どうもありがとうございました。

楽屋に戻った早野は化粧前に突っ伏した儘しばらく動かなかった。子供たちを楽しませようとした心遣いがことごとく裏切られ高座を混乱させた芸の脆さを痛感したようであった。きっと、その晩は家に帰って痛飲したことだろう。それでなくとも凡平さんは酒が強い人だ。

自宅の脇に小屋を建てており、入り口に「研究所」と した表札を掲げていた。ぐるぐる腕を振り回して音をだすビニールパイプを何種類も組合せて楽器を製作した。脚立を形態模写の道具としてキリンやアヒルに仕立てた。脚立を広げてワニ！　と叫ぶギャグがおかしかった。ゴルフバッグを被ってバルタン星人や鯵のひらきを見せたこともある。玩具のシンバルモンキーを相手にコントを演じたこともあった。いつもギャグを考えていた。

ある時、パン猪狩宅を訪ね新しいネタについて意見を聞きたいと言った。歯医者に頼んで自分の歯を麻雀の大満貫の手にしたい。ついてはガラは万子がいいか筒子がいいかどんなものでしょう。パン師匠は一満から九満までだと漢字が入って難しい。竹の絵も細工に往生するだろうし、見た目も汚い。ピンズなら丸ばかりだから一番目立つんじゃないか。細工もラクだろう。よし。ピンズに決めた。これで歯医者にいって先生に頼んだら言下にバカヤローと怒鳴り付けられた。

早野凡平。癌を病んで平成二年（1990年）五月三日に亡くなった。まだ、五十歳の若さであった。

（いいだ・かずお）

記録映画『マライ建設』

正直男・北川冬彦

沼崎肇

詩人・北川冬彦は映画批評家でもあった。かなりトシとってからもキネ旬ベストテンに参加してたよね。この仁の美質は、正直で自分を飾らないところ。映画批評を始めたころ邦画を対象にしてたんだが、彼氏実は洋画ファンで邦画にはてんで無知。でも他にやる人いないから、と友人・飯島正に頼まれたのだ、と。適当なことを書いても帝大出なんで通っちゃった、と。正直だ。ファン歴を捏造したり、庶民派を気取ったりしない清しさよ。

彼に短篇集『南北の女たち』（1979年3月刊）がある。山梨日日新聞社なんてマイナーな所から限定400部発行。ひっそり出したにはワケがある。戦時下報道班員時代の回想モノで、蘭印、支那での性生活を露骨に描いてるのだ。戦後の偽善的な空気の中では、外地の娼婦を買う、なんて〝差別的〟だから、インテリは書き辛かった…ま、そっちの件は直に現物に当って頂くとして、映画の話題だ。

語り手の田所（北川の本名は田畔）はシンガポールにいる。宣伝班員として記録映画『マライ建設』の撮影案を立てる役目だが、人間関係で大いに悩まされる。新しく着任した撮影班長は、策略によって前職の椅子を奪った汚い奴。この男が、田所の選んだウデのあるカメラマン（16ミリ作品をチェックしたうえで判断）を、世辞の巧い奴（田所がヘタクソ認定してた男！）に挿げ替えてしまう。ドタバタあったが撮影はスタート。しかしマライでは戦闘で現像設備が全て破壊。撮影済フィルムは飛行機で内地へ送るしかない。この四万何千呎ものネガのラッシュを東京・日映試写室で見て、田所はビックリ。殆どが露出過度で白っぽく、何が映ってるのかも分らない状態。やはりカメラマンの腕が悪かった。結句製作は断念。倉庫に仕舞われたままB29の焼夷弾によって灰になった。

この記録映画用の視察《ロケハン》もあった。宿泊は部隊の営舎なのが決まりだが、実際は慰安所にしか泊らなかった由。女が三人しかいないので視察隊が独占することになり警備兵にイヤがられる。青年時代、旅先では娼家にしか泊らなかったと回想する田所（＝北川）。正直である。戦跡に就いても彼は正直に撮りたいと考える。ひっくり返った戦車、塹壕の中で服を着たまま折り重なっている骸骨、爆弾で中途から折れたゴムの木。戦争の残酷は、カットされるにしても記録しよう、と。後日、実際の撮影に当っても「どうせカットされる」とシブるカメラマンを説得し撮影させた。その頃にはだいぶ片付けられてはいたのだが。

ほかにも、企画部の人間が縄張り云々で捩じ込んできたりとか、イヤなことばかりだったようだ。それも軍人ではなく報道班員、つまり内地では文士だ画家だってインテリたちだから情けないよね。そして『マライ建設』だが…『マレー戦記』（昭和17年）その後、みたいな構想だったのかしら。

（ぬまざき・はじめ）

岡本喜八を襲った五社協定の呪い

『殺人狂時代』は何故オクラ入りになったのか？

小関太一

『なめくじに聞いてみろ』
『飢えた遺産』
『絶体絶命』
『殺人狂時代』

この四つの題名を見て共通点が分かる人は中々の岡本喜八マニアであろう。最初の二つは、桔梗信治を主人公にした都筑道夫の手になるアクションコメディの改題前と後の題名。そして残りの二つは東宝で岡本喜八がこの原作に基づいて演出した映画の改題前のタイトルと改題後のそれである。アクションなどと言われても、ピンと来ないような物ばかりだが、実際に本を読んだり映画を観てみればしっくり来るから不思議な題名と言える（特に二つ目は福田純辺りが監督して埋もれているアクション映画の如きカッコいい題名だ）。

世界的名作であるチャップリンの監督作品と同じ題名を会社の命令で冠され最終的に『殺人狂時代（以下殺人狂）』と命名されたこの映画は、完成したものの公開一週間前に公開を見送られオクラ入りとなってしまう。その不名誉な事態は監督を含め関係者の心に深い傷を残した。一体この映画に何が起きたのか？　幾つか残る事実に基づきその原因について追及してみようと思う。

筆者と『殺人狂時代』

犯罪心理学者桔梗信治を殺害しようと狙う溝呂木博士は自分の精神病院の患者たちを殺し屋に仕立て上げ次々と桔梗に襲いかかる。この戦いをユーモアを交えてノンストップアクションとして完成させた昭和42年岡本喜八監督作品。これが『殺人狂』である。

筆者が岡本喜八にハマるきっかけになったのがこの『殺人狂』だった。洋画一辺倒だった映画学生の頭を叩きのめしたのが本作だった。岡本はあらゆるテクニックを繰り出し、映画には物語を語る以外にこんな見せ方や画面作りがあるのだと教えてくれた。『肉弾』や『日本のいちばん長い日』は土曜夜の東京12チャンネル（現テレビ東京）の『日本映画名作劇場』で観てはいたが、ここまで娯楽に徹した映画を作る監督だとは思っていなかったので驚きが大きかった。社会人になりビデオ部門で働くようになり真っ先にビデオ化を提案した。社内に本作を観ていた人間は皆無で説得に苦労した。たまに友人が観たという同僚の話は、「こんな放送できないような内容の映画をビデオにしたらどれだけ苦情が来るかわからないぞ」といったネガティブな物ばかりだった。ゴジラや若大将等メジャーどころはスルーでOKなのに、マイナーな映画はとことん無視する風潮は今もって改善されていない。マイナーな物には何らかの理由があるから人目に触れないのだという考えだ。何時まで経ってもビデオから掘り出し物は見つからない。名画座女子が増える訳だ。

『殺人狂時代』

しかし、旧作の担当プロデューサーが本作を試写で観てから事態は一変する。その面白さに魅了された彼は、この未知だったアクションコメディを新作同様に宣伝して売り出す事を決めた。ポスターを製作しマスコミ試写も開き万全の体制が敷かれたが、肝心のビデオは売れなかった。モノクロのマイナーな映画が、毎月湯水のごとくリリースされる新作に紛れて売れる筈もなく、「お前の誉める映画は売れない」と社内では〝喜八マニア〟のレッテルを貼られ沈黙を余儀なくされた。しかし、ビデオに同封されたアンケート葉書の返信に「この映画を出してくれてありがとう」という言葉を幾つか観た時、報われたという気持ちで社内での陰鬱な気分が吹き飛んだのを今でも憶えている。あれはやって良かった仕事だった。今では岡本喜八再評価のきっかけになったと勝手にうぬぼれている。

件のプロデューサーが岡本にビデオ化の許諾を受ける為の電話をした際に、岡本から小一時間『殺人狂』のオクラに関する愚痴を聴かされた。撮影所の照明助手だったプロデューサーと岡本は旧知の仲で、オクラにした張本人とされた当時の撮影所長の雨宮恒之を両名共知っており、岡本も忌憚なく心情を吐露したのは容易に想像できる。

本誌でもたまに所長時代のエピソードが紹介される雨宮だが、帝大卒のインテリで東宝創業者小林一三の血縁者だった事で社内では絶対的権力を持っていたと言われている。『殺人狂』をオクラ入りにして岡本にそれを告げたのがこの雨宮であるとされている。岡本が『殺人狂』について語る際に必ずするのがオクラ入りの話で、それに伴って〝時の権勢〟などと名を伏せられて登場するのがこの雨宮だった。岡本の研究本『フォービートのアルチザン』を編集した際に、『殺人狂』担当になった筆者が岡本に聴いた話のほぼ90％はこのオクラ話だった。本当は現場や編集のテクニックの話を聴きたかったのだが、これは悔やまれる。

都筑道夫

都筑道夫が『殺人狂』の原作となる『なめくじに聞いてみろ（以下なめくじ）』を雑誌連載したのが昭和37年。次回作のネタを探していた岡本は飛びついたが、既に日活に映画化権は渡ってしまっていた。多作の推理作家として知られた都筑だが、彼は「エラリイクイーンズ・ミステリ・マガジン」の編集長として海外から様々な作品を紹介しており、007シリーズの原作者イアン・フレミングをいち早く日本に伝えたのも都筑だった。

少し脱線するが、このフレミングの創造した007号ことジェームズ・ボンドを主人公にしたイオンプロによるスパイアクション映画は世界中の娯楽映画の歴史を一変させたと言っても過言ではない。次から次へと目まぐるしく展開するアクションに秘密兵器、小道具の数々、美女をはべらせるセックスシンボルのような理想の主人公。その影響は無数のB級アクションは言うまでもなく、現在一線級で活躍するトップディレクターであるスティーブン・スピルバーグやジェームズ・キャメロンらが照れも恥じらう事もなくその類似作品を作っている事からも明白だ。そして日本でも多くの影響が散見できる。

　その和製００７に大いに貢献したのが、都筑だった。最初は都筑原作『紙の罠』を元に日活作品『危いことなら銭になる』。監督は中平康。小道具を使ったアクションは正に００７で、中平は後に『黒い賭博師』シリーズでこのテイストを生かした傑作を作り上げた。

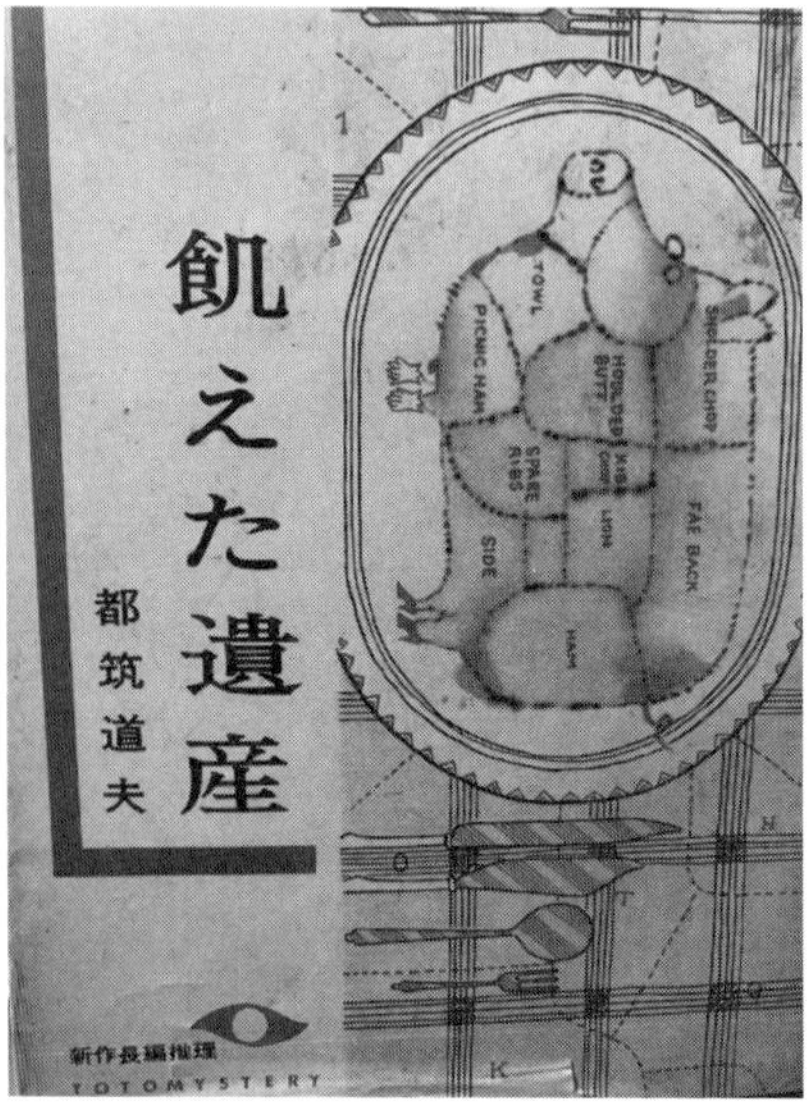

　日活ではその後『怪盗X　首のない男』、長谷部安春監督デビュー作『俺にさわると危ないぜ』と都筑の原作・原案を元に映画を製作。『殺人狂』の原作『なめくじ』もこの間で映画化される予定だったが流れてしまう。主演予定は前2作同様に宍戸錠。日活は宍戸を和製００７にしたかったのかも知れない。「イアン・フレミングの真似がしたかった」と都筑は『なめくじ』の執筆動機を述べているが、これが最も００７に近い著作だったのかも知れない。

　この頃、東宝でもこの００７に影響を受けたアクション・シリーズの製作を開始していた。三橋達也主演による『国際秘密警察』シリーズである。最初の2作はシリアス路線だったが、クレージー物の坪島孝監督による3作目『火薬の樽』以降はユーモアを全面に押し出すという構成になるが、これは本家の００７に先んじている点で画期的と言える。

　日活が諦めた『なめくじ』が東宝に渡るのはシリーズが後半に入った頃だと思われるが、都筑の『パリから来た男』というシナリオに岡本が手を加え『１００発１００中』というシナリオに仕上げ、福田純監督＝宝田明主演で映画化している。こちらは『国際秘密警察』より007色が強く、宝田のアンドリュー星野のスマートさもハマっていて傑作になったが、岡本は自身で演出するつもりだったのでプロデューサーに不満だったらしい（続篇『100発100中　黄金の眼』には岡本は参加していない）。

『なめくじ』は、日活作品として製作される予定の昭和39年、「映画評論」にシナリオが掲載された。父親が殺人者に仕立てた人間たちを、出羽の山奥からやって来た桔梗信治が一人一人抹殺していくという原作は大幅にアレンジされているが、岡本の『殺人狂』はこのシナリオ通りほぼ忠実に映画化されている（このシナリオでドラム缶ロケットで戦う場面があるが、これは『100発100中』にそのまま流用されているのは面白い）。

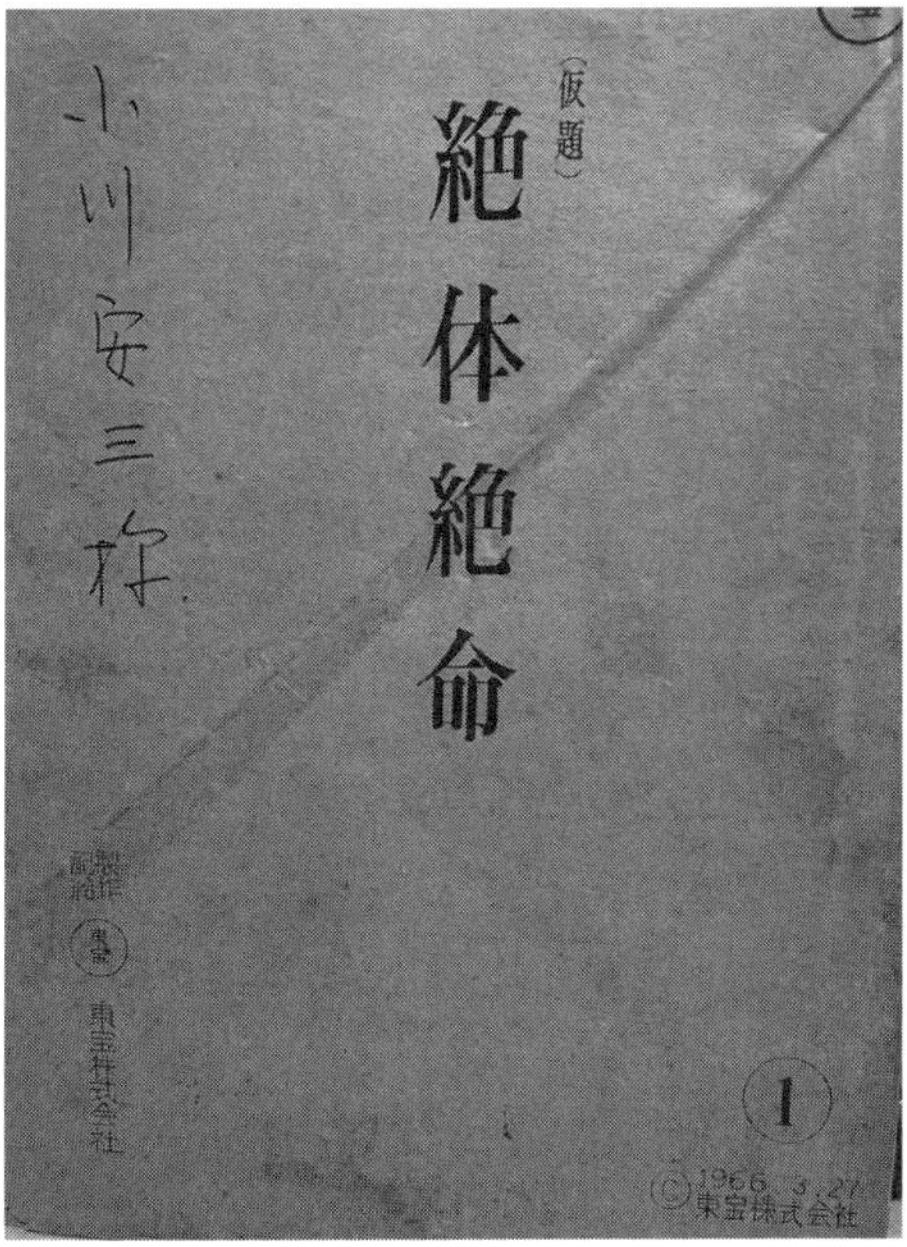

岡本喜八組常連俳優・小川安三の旧蔵シナリオ

原作は再販されるに伴い『飢えた遺産』に改題される。カッコいい題名ではあるが、ある意味ネタばれなので少し残念。

都筑はその後、作家活動と並行して、「スパイキャッチャーJ3」や「キャプテンウルトラ」等のテレビ作品の監修等を手がけ、「キイハンター」では原案・脚本を担当。本家の007でタイガー田中を演じた丹波哲郎は再びスパイアクションに挑戦した。都筑のテレビ界への功績もまた大きい。

絶体絶命

『飢えた遺産』の映画化としてスタートする岡本の新作は日活での小川英と山崎忠昭のシナリオに岡本自身が加筆して『絶体絶命』という仮題で決定稿が刷られた。実際に使用されたシナリオにも〈仮題〉は付いたままだった。製作費は最低限度ギリギリ。しかし、岡本とスタッフは知恵を振り絞って映画を作ろうとする。金のかかる地下鉄丸の内線新宿駅や雑誌編集部のセットは同時進行している他の組の作品を利用し、物語のクライマックスとなる溝呂木博士の病棟はこれでもかというくらい凝りに凝った斬新なデザインを美術の阿久根巌が創造していた。

主演の仲代達矢が「喜八っちゃんと遊びながら作ったような映画」とインタビューで答えているように現場の楽しそうな雰囲気が伝わる写真が「フォービートのアルチザン」に掲載されている。仲代ら出演者、岡本始め現場スタッフ、作曲の佐藤勝までが、溝呂木病院の檻の中から笑いかけているという物だった。現場の雰囲気が如何に良かったかわかる写真だ。これは当時のキネマ旬報にも掲載されていて多くの人間が目にしていた筈。

そんな楽しい現場に水を差す命令が下る。筆者も不思議に思っていて岡本に訊いた事があったが、飽くまで「会社の命令」と答えるだけで自身もあまり良い感情を持っていなかった様子だったのを憶えている。『絶体絶命』の仮題でクランクインした本作の題名を『殺人狂時代』に変更しろというのだ。前にも書いたが、チャップリンの名作と混同するような紛らわしい題名にしろと。「ならば完成させて良い。」という事で岡本は泣く泣く変更に同意した。しかしこれはこの時に始まった事ではなく、前々作『血と砂』も当初は『火葬場《ヤキバ》』という題名でスタートしたのを変更させられていた。『血と砂』もタイロン・パワー主演のアメリカ映画等で既に知名度のある映画の題名でなんとも紛らわしい事を強いられている。

この『絶体絶命』であるが、次の『国際秘密警察』の谷口千吉監督による第5作目のサブタイトルで使われる事になる。これも都筑道夫が原作・脚本としてクレジットされているが、まさか都筑がこだわって変更させたとは思えないが、この題名をこちらに付ける為の変更だとしたらかなり強引であると言わざるを得ない。映画を観ても『絶体絶命』にしなければならない必然性が見当たらない。

岡本はこの変更劇を『殺人狂』の中に織り込んでいる。遊びか嫌味か分からないが、物語中盤、川口敦子演じる小松弓江が落下するビルの懸垂幕に「総天然色　絶体絶命　監督　谷口千吉　撮影快調」と書いてある。題名を変えさせた東宝に底意地の悪さを感じるが、この岡本の遊びも何となく底意地の悪さを感じる。それほど腹が立っていたのかも知れない。しかし、もっと腹立たしい事が起きるとは想像もしていなかっただろう。

オクラ

公開まであと一週間というタイミングで『殺人狂』は公開を見送られてしまう。岡本も驚いたろうが、営業サイドや劇場側も驚いたのではないだろうか？　当然予告篇も掛かっていたろうし、ポスターも掲出してあった筈だ。全国にある百数十館の東宝邦画系の劇場が次回作の変更を余儀なくされたのだ。それは劇場側にも大変な事態だっただろう。手描き絵看板を常設掲出する劇場はどんな対応をしたのだろうか？　劇場勤務経験のある者にとってはそういった方に興味が行ってしまう。

だが待てよ。差し替えられた番組は一体何だったのか？　『夕映えに明日は消えた』で考えたように、『殺人狂』の併映作を考えてみた。

昭和41年当時の映画誌に撮影の進捗状況が載っている。夏の作品として、『殺人狂』、三船プロ製作『怒涛一万浬（以下怒涛）』、『ゼロファイター大空戦（以下大空戦）』、『フランケンシュタインの怪獣　サンダ対ガイラ（以下サンガイ）』が並んでいる。『サンガイ』以外は6月の中～末にはクランクアップ。7月の公開を予定していた。決まっていた初日は『怒涛』が7月13日、『大空戦』が7月31日となっていたが、後にこの二本が併映作品として公開されたのを考えると31は13の誤植だと思った。『殺人狂』と『サンガイ』は両方共プロデューサーが田中友幸と角田健一郎（通称ツノケン）のコンビだったので、この二つがカップリングだったのだろうと思えた。7月31日に公開された『サンガイ』には『ジャングル大帝』と人形アニメ『つるのおんがえし』といういかにも急いで準備した作品が併映となった。『殺人狂』が外されたのはここだと思ったが、東宝の怪獣物は子供向け作品の枠での公開で、『殺人狂』のようなお色気場面のある映画が併映される可能性は低かった。その前年の夏映画は『フランケンシュタイン対地底怪獣《バラゴン》』に『海の若大将』だった事を考えると『殺人狂』が併映とは考えにくい。と、丁度良い映画があるのを思い出す。『大空戦』である。『海の若大将』と同じく主演は加山雄三。森谷司郎監督デビュー作でいわば若大将版『独立愚連隊』のようなさわやかな戦記物だ。これしかない。

そもそも、『怒涛』と『大空戦』は出演者がかぶっている。2本立ての場合出演者がダブる事はない話ではないが、佐藤允と中丸忠雄クラスの俳優二人が両方にそれも主要な役で出るケースはあまりない。これは、元々は『殺人狂』と『怒涛』、『大空戦』と『サンガイ』の組合せであり、『大空戦』の7月31日公開は誤植でなく当初の予定だったと推測される。こうなるとうまく出演者の住み分けがされて納得できる。ほぼかぶっていない。

恐らく7月の初旬に公開中止を告げられた岡本は、まず撮影所長だった〝時の権勢〟雨宮の元に行き理由を尋ねた。そこで「水準以下だからだ」と宣告される。納得できない岡本は、撮影所中のあらゆる人間にオクラの理由を尋ねて回ったが分からなかった。

『殺人狂時代』

意気消沈した岡本は、仲代を師として酒とゴルフの日々を始めた。「オクラは活動屋の恥」それを身に染みて感じていた岡本は40代半ばでアルコールデビューした。精神を安定させるために酒を飲み、ゴルフでボールを権勢の顔に見立てぶん殴って気を紛らせた。オクラ以降、岡本は一年近く映画を作れなくなる。

仲代も語っているが、撮影所の態度は冷淡そのものだった。それまで「仲代さん、仲代さん」とちやほやしてスター扱いしてくれたのに、オクラになった途端に挨拶すらされないシラーッとした雨宮らの接し方を忘れられないと語っていた。

先日、『殺人狂』に松葉杖の男として出演した久野征四郎と話す機会があった。小松政夫の自伝ドラマで小松を志尊淳が演じ久野を中島歩が演じた。このドラマが喜八組の『殺人狂』がオクラになった話を全国区にしたのは記憶に新しい。その久野が「僕の役は中丸忠雄さんが演じる筈だったんですよ」と意外な話を披露した。なるほど、『殺人狂』撮影期間中に中丸は『怒涛』の撮影で船の上だったので出演は無理だった。そう考えると、主役ないし準主役クラスの喜八組の俳優は『殺人狂』にほとんど出演していない。オクラ直後の仲代への撮影所の態度を考えると喜八組の俳優たちの大多数がそれを免れたのは不幸中の幸いだったと思ったが、少し引いて考えてみたら、これは実は用意周到に準備された罠だったのではと思うようになり、別件で調べものをしていく内についには長期に亘る東宝の岡本への制裁ではなかったのかと感じ始めた。

岡本喜八は藤本真澄から〝変化球監督〟というあまりうれしくない名前を付けられた。岡本の投げるボールはキャッチャーミットど真ん中に投げ込まれる事はなく、暴投ばかりでひどいときはバックネットを越える悪球投手だと言われた。そのためにシノプシス（映画の最初の荒筋）や第一稿は書かせないと言われ、念願だった『日本アパッチ族』の企画は取り上げられてしまった（これは小松左京の文章によると誤解であるようだ）。

とにかく岡本の企画は通らなくなったのは藤本の圧力だと岡本は思っていたようだ。しかし、藤本は黒澤明の『姿三四郎』のリメイクやイオンプロの本物の００７の日本側の監督を岡本に任せようとする位に岡本を信頼していた。後述するが、岡本をオクラの地獄から救ったのも藤本だ。

岡本は会社の企画の通りの悪さの原因を『あゝ爆弾』や『江分利満氏の優雅な生活』というヘンテコな映画を作ったせいだと語っていたが、『侍』以降のそれは少し違っていたかも知れない事に気付いていたのだろうか？

出発点

話は昭和39年10月1日、ホテルニュージャパンに始まる。そこで記者会見が開かれた。登壇者は三船敏郎と石原裕次郎。それぞれ東宝と日活の専属スターで、共に独立プロの社長であった。その二人が映画会社のスター同士の貸し借りを禁じた五社協定の垣根を越え協力して映画を作って行くという発表をする会見だった。製作する作品は決まっていなかったが、黒澤明や橋本忍、菊島隆三らの協力を約束されていると発表。各映画会社の役員からも協力的なコメントを貰ったと話した。２大スターの宣言に業界は騒然とし朝読毎の一般紙でも取り上げた。

しかし、結局は黒澤らの協力は得られず、作品が中々決まらない状態だった裕次郎は三船プロ製作の『侍』のセットに岡本を訪ね、映画を作る約束を取り付けた。話はそこからトントンと進み、三船プロ＝石原プロ第一回提携作品は岡本喜八監督『馬賊』に決まり発表された。

少し脱線するが、裕次郎は東宝作品に魅かれていたようだ。石原プロで作った時代劇『城取り』では七人の侍の一人千秋実を起用、『逃亡列車』のシナリオはまるで『独立愚連隊』シリーズの一本のようでこちらも喜八組常連の伊藤雄之助が出演している。『馬賊』が完成していれば東宝テイストの強い作品になっていただろう。

さて、『馬賊』は発表されたが話は進まず、結局製作中止になった。やはり五社協定の壁は越えられなかったのだ。しかし、三船と裕次郎は諦めず、挑戦を続ける。一方の岡本は次の企画を会社に提出したが、あっさり一蹴されてしまう。「似た企画があるからダメ」だという。岡本の企画は後の『血と砂』。似た企画というのは松山善三監督『戦場にながれる歌』だった。両方共戦場の軍楽隊のドラマ。観ればわかるが、テーマは全く違う。腐る岡本に手を伸ばしたのは三船だった。三船プロ設立時の東宝と三船の取り決めで、三船の作る映画には東宝が全額出資する事になっており、東宝は製作費を出資。『血と砂』は三船プロで実現した。そして次の企画は『大菩薩峠』。変化球監督の岡本に直球脚本家の橋本忍をという製作の藤本の『侍』に続く戦略だった。製作スタジオは関西の宝塚映画。企画を任された岡本は主人公机竜之助の心情が理解できず苦しんだという。また、何故か「初めての藤本さんの製作作品」と語っているが、『江分利満氏の優雅な生活』は藤本と金子正且の共同製作で初めてではなかったが、『大菩薩峠』はそれだけ藤本が前面に出て動いたのだろう。宝塚映画という他流試合でも岡本の切れ味は冴えわたり見事な仲代竜之助が描かれた。しかしここでも奇妙な事が起こる。他社のシリーズ同様に続篇も予定されており、竜之助が失明し竜神村に逃げ延びる場面も撮影されたが続篇製作は中止となる。まだ一作目を封切ってもいないタイミングでの中止命令。ヒットしたらどうするのか？ 全く不思議な決断と言える。ここでも何か得体の知れない力が動いたとしか思えない。

頭にきた岡本は竜之助が新撰組を斬って斬って斬りまくる場面でエンドマークを出すという壮絶なラストで映画を終わらせてしまう。お陰で仲代演じる竜之助が薬中毒で発狂しているように見えて、海外では最も話題になった喜八作品となった。

この後が『殺人狂』になるが、何か違和感を感じないだろうか？ 岡本はこの間、東宝撮影所で映画を作っていない。スタッフやキャストは東宝から来ているが、三船プロと宝塚映画が基本のスタジオで東宝本体ではない。企画は中々通らず、自らの物でない企画を任される一年。都筑との『100発100中』もシナリオだけで演出できなかった（これも後述する会社の方針だとすると合点が行く)。会社に〝変化球〟扱いされているからと岡本自身は気にしていない様子だったが、この時東宝の上層部はしばらく岡本に映画を撮らせないつもりだったのではないか? それを横から助けていたのが『血と砂』の三船であり、『大菩薩峠』の藤本だったのではと思えるのだ。

それは五社協定破りに加担したという懲罰。三船はスターなので干す訳にはいかなかったし出来なかったが、岡本は社員でなく契約監督である。岡本本人は対外試合を自由と思っていたかも知れないが、東宝との契約は専属だった(対外監督は『座頭市と用心棒』の時に実現する)。あまり比較にはならないだろうが、後に『黒部の太陽』を監督する日活社員だった熊井啓はその監督が原因で解雇を言い渡されている。それだけ映画会社の怒りは半端ではなかったのが分かる。それが東宝岡本の場合も大なり小なり推して知るべしだろう。東宝の上層部も怒っていたのは容易に想像できる。少なくとも造反者として黙って看過する訳にはいかなかった。岡本に続く人間を出さない為にも罰が必要だ。しかし、岡本を干そうとする動きは前述の二人に阻止された。干そうとしても誰かしらが岡本を助けようとする状況はまるでいたちごっこ。

そこで上層部は作戦を変えたのではないだろうか?

『殺人狂』は前述のように岡本念願の企画であった。日活の手を離れた事で東宝が映画化権を手に入れたが、これは今までとは逆に岡本に好き勝手にとんでもない映画を作らせてオクラにして岡本を懲らしめようとしたのではないだろうか? 今で言えばハニートラップのようなやり方である。題名の変更等、理解しがたい横槍も感情的な嫌がらせでしかなかったのだろう。

その計画性を感じるのが、キャスティングである。喜八組の東宝専属の主役級俳優は『怒涛』のロケで船の上。仲代は東宝専属ではなく、他は東宝専属でも大部屋俳優がほとんどというキャスティング。団令子は『女体』の撮影所での牛を実際に殺した件で既に干され気味。オクラ入りでダメージを受ける専属俳優はほとんどいそうもない。

また、上に書いたが公開一週間前にオクラ決定というのも計画性を感じる理由だ。そもそも、『殺人狂』は最低金額の製作費とはいえ、映画の製作費は莫大な金額である。それを回収せずにオクラにするというのは企業としてどうかと思う。それほどひどい出来だったのなら理解できるが、岡本は渡されたシナリオにほぼ忠実に作っており、責任を問われる事はしていない。個人的な見方が入ってはいけないが、完成作は岡本の手練手管で面白さ倍増になっている。何が「水準以下」なのか分からない。自分の技術の全てを投入して完成させた作品が封印された事で岡本がいかにダメージを受けたか想像がつく。答えを求めた岡本にはまともな返答はされず、岡本は益々混乱し酒に溺れて行った。しかし、これが『馬賊』から連綿と続く東宝上層部の感情的な懲罰だと思うと理解できる。岡本が答えを求めた雨宮も分かってなかったと思う。それは有楽町にある本社のお偉いさんが決めた事だったからではなかったか。いち撮影所長が映画をオクラ入りに出来る位の権限があったとは想像がつかない。これはずっと疑問に感じていて、撮影所の複数の人間に尋ねた。「権限がある」という人もいれば、「ある訳ない」という人もおり結論は出なかったが、絶対に有楽町の東宝本社の役員連中が決定に関与しているのは企業として当然だ。その中で映画の製作サイドの気持ちを理解していた藤本が奮闘し岡本を護ろうとしたのは理解できる。正に孤軍奮闘だっただろう。

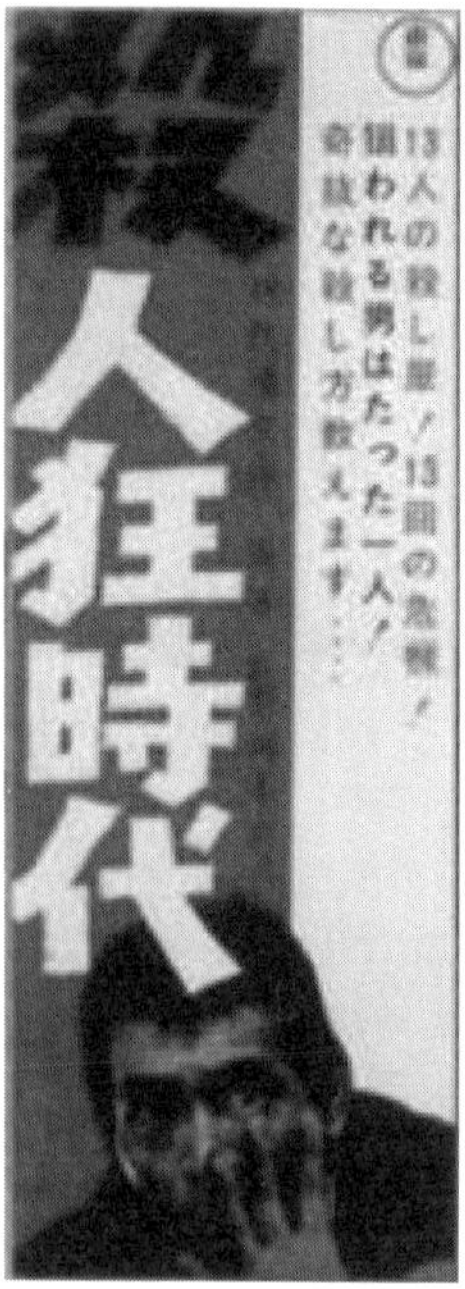

『殺人狂時代』ポスター

　酒に溺れる日々の中、明けた昭和42年2月に『殺人狂』は勅使河原宏監督『インディレース　爆走』というカーレースのドキュメンタリーと併映されひっそり公開され東宝始まって以来の不入りとなって興行を終えた。翌週の作品は件の『国際秘密警察　絶体絶命』だった。偶然だったと思いたいが、ここにも東宝の嫌がらせを感じてしまう。

　岡本は不入りの報にさらに落ち込んだ。大して宣伝もしない公開だったので当然と言えば当然だ。ちなみに浅草東宝はこの二本立てに『アルプスの若大将』を付けた三本立てで上映したのには驚いた。たった一週間のこの浅草の風景が偶然にも大島渚監督作品『日本春歌考』に写っているのはおかしな偶然だ。

　映画を作れず、酒とゴルフの日々を過ごしていた岡本は藤本に呼び出され、高級ブランデーをコップになみなみと注がれ飲まされた。酔いに任せて製作中止になった小林正樹監督『日本のいちばん長い日』と堀川弘通監督

『竜馬がゆく』の二作は「東宝としては作るべきだ」と訴えた。「ならばお前がやれ」とその場で『日本のいちばん長い日』の監督を任される。岡本を信頼していなければ出来ない行動だ。ましてオクラで干された監督に創立35周年の超大作を任せるなんてあり得ないのではないか？　他に何人の専属監督がいるか、藤本は知っているのに。目の仇にされていたと岡本に最後まで思われていたとしたら藤本が不憫でならない。

岡本喜八監督作品『日本のいちばん長い日』は大傑作となり大ヒット。岡本喜八は見事に第一線にカムバックした。岡本のカムバックが比較的早くて良かった。

「モヤ（仲代の愛称）は盛り（絶頂期）だったからなあ」。インタビューで岡本は当時の仲代をこう語った。いや、あなたも〝盛り〟だった。もしも『殺人狂』の後が数年でも空いてしまっていたら日本映画史が変わっていたと言っても過言ないだろう。『殺しの烙印』以降の鈴木清順の空白の10年が惜しまれるが、正に同じ事態になっていた筈だ。

因縁

何度も書いているので聞き飽きた読者も多いかと思われるが、筆者はビデオの仕事を辞めて再就職した会社の会長を務めていたのが雨宮だった。それを報告した時の岡本の呆れ顔は忘れられない。開いた口が塞がらず、煙草の灰が落ちそうになるくらい固まっていた。そして、「殴っとけ」とボソリと言った。筆者自身もこういう偶然が現実にもありうるのだと未だに不思議でならない。『殺人狂』のビデオを出した男が、それをオクラにした（と言われた）男の会社に再就職するとは。

時折、エレベーター前で見かける雨宮は杖をつき口をモグモグ動かす普通の老人だった。とてもキレ者の撮影所長だった男には見えなかった。これまた後悔だが、雨宮にも話を聴いておくべきだった。

『殺人狂』がオクラになった理由などどうでもよいのかも知れない。現在では普通に鑑賞する事ができるので問題はない。何やら無駄な探索に読者をつきあわせたようで申し訳ない。ただ『殺人狂』に運命を振り回された人間として結論を出しておきたかった。それだけだ。

〈文中敬称略〉

（こせき・たいち）

デジタル過渡期の映画上映㉕

一歩前進、二歩後退

長谷川康志

本稿執筆時（20年5月20日）の新型コロナウイルス感染者は全世界で約490万人、死者約32万人。経済に与える影響も計り知れない。だが一旦、感染症から視点を離してみれば、この数ヵ月間で達成されたのはオンライン診療や授業、テレワーク、リモート、デリバリーや電子マネーの普及、ロボット導入といった急激な社会のデジタル化推進だった。IT株の推移を見るまでもなく、コロナは好機であった。未来が少し早くやって来たのだ。映画や映画館について考える場合も、感染症対策以外の点では「コロナ以前以後」「ウィズコロナ」にとらわれず、配信が当たり前になった5年後10年後を想像するほうが理に叶っている。デジタルを手にした映画が再びフィルムに戻ることがないように、デジタル技術の生活への浸透は不可逆的である。ウイルスを根絶しても、元の日常には戻れない。その目的が個人の管理なのは、どの国が主導権を握ろうと変わりがなく、すべての思想や対立はデジタルの中に収まってしまい、SNS上の「つながり」は、近代的な「人間」であるより「人類」に後退せよと迫る。そして、彼らは自由を愛することを強制されていると気づかない。

†

紙数の都合で不十分ではあるが、映画とデジタル化の観点から、1月以降の出来事を時系列にまとめてみた。

1月9日▽東京五輪公式映画監督の河瀬直美が日テレnews zeroにコメンテーター出演。武漢の謎の肺炎から新型のコロナウイルスが検出されたとの報道。番組は予防策に海外で「生ものを食べない」「動物に触らない」を挙げる。国立映画アーカイブ（NFAJ）では河瀬監督を特集中で、19時に京橋で前説したあとの出演だった。

28日▽横浜ブルク13で《予防措置としてマスク着用での応対》を告示。筆者が実際に見た対応では最も早く、TOHOシネマズ日比谷などは節分の後も着用はなし▽映連が19年全国映画概況を発表。総興収は前年比117%の2612億円で史上最高。公開本数も過去最高の1278本（うち171本は中継以外のODS）。邦画と洋画の興収上位5作品計10本で全興収の34%、20作品計40本で64%を占めた。

2月3日▽クルーズ船ダイヤモンド・プリンセスが横浜港に到着。

7日▽第12回恵比寿映像祭はじまる。予定通り23日まで開催。

20日▽第70回ベルリン国際映画祭が開幕。3月1日まで。

25日▽ディズニーは『2分の1の魔法』（3月13日公開予定）の一般試写会（27日のTOHOシネマズ日比谷ほか）の中止を決定▽NFAJ、消毒用アルコール設置や接遇スタッフのマスク着用など感染予防対策を告示。

27日▽翌28日公開の『映画しまじろう「しまじろうとそらとぶふね」』が《お子様たちが「大きな声を出して参加する」という上映上の演出》もあり公開

延期を発表。国内最初の公開延期作に▽NFAJが2月29日〜3月8日の臨時休館を発表。特集「戦後日本ドキュメンタリー再考」が中断。元々3月9日〜5月28日は《館内整備等のため》休館の予定だった▽安倍総理、全国の小・中・高校等に3月2日から春休みまでの臨時休校を要請。

28日▽ル・シネマ、早稲田松竹、京都文化博物館フィルムシアターが休館▽北海道知事が道内に独自の3週間の緊急事態宣言。ユナイテッド・シネマ札幌が29日&3月1日を休業。

29日▽岩波ホール、シネマイクスピアリが休館。

3月3日▽神保町シアターが19日まで休館。20日に定員48席、ブランケット貸出等を中止し再開。26日から最終回を休映。28日以降は土日営業を中止。4月8日から再び休館。

6日▽109シネマズが1席ずつ間隔をあけてのチケット販売を開始。

11日▽WHO「パンデミック」を表明▽ル・シネマが再開▽NYの裁判所は性暴力などでハーベイ・ワインスタインに禁錮23年の判決。

12日▽GW恒例のイタリア映画祭2020（東京・大阪）を《延期または中止》と発表▽豪州滞在中のトム・ハンクス夫妻がコロナ感染を公表。

13日▽パリのシネマテーク・フランセーズは仏政府の「100人以上の集会の禁止」により午後3時から活動を休止▽アンスティチュ・フランセ東京会場での「映画批評月間」始まる。『ソロ』（70年・仏・デジタル）上映とオリヴィエ・ペールのレクチャー。前売だけで満席に。翌週は1席おきに空席を設けたが、27日に中止を決定。

15日▽全仏の映画館が営業停止。

16&17日▽米三大シネコン（AMC、リーガルシネマズ、シネマーク）の計1517館を閉鎖へ。

19日▽5月のカンヌ映画祭延期。

20日▽『一度死んでみた』『ハーレイ・クインの華麗なる覚醒』日本公開。『ドクター・ドリトル』は延期。

24日▽東京五輪が1年程度延期に。

25日▽小池都知事「感染爆発の重大局面」として週末の外出自粛要請。

27日▽TOHOシネマズ日比谷で『デッド・ドント・ダイ』先行上映開始。4月3日の全国公開は延期に。

28&29日▽週末自粛要請で東京・神奈川の映画館はほぼ休業も、新文芸坐、ケイズシネマ、横浜シネマリン、ジャック&ベティなどが営業。

29日▽志村けん、コロナで死去。山田洋次監督『キネマの神様』（3月1日撮入）で主演予定だった。

31日▽宮藤官九郎が新型コロナ感染を公表。4月7日退院。

4月4日▽シネマヴェーラ渋谷、新宿武蔵野館、シネマカリテが休館。

4&5日▽2度目の週末自粛。ケイズシネマは営業。シネマリン『アリ地獄天国』、ジャック&ベティ『ロビンソンの庭』は舞台挨拶も実施。

5日▽ラピュタ阿佐ヶ谷が休館。

7日▽安倍総理、7都府県に緊急事態宣言を発出。翌8日以降、宣言下地域の映画館はほぼ臨時休館に入る。

9日▽目黒シネマ、上野オークラ劇場、横浜光音座が休館。

10日▽ユニバーサルは『トロールズ ミュージック★パワー』の米国での劇場公開を断念しVOD配信。48時間レンタル形式で19・99ドル。

11日▽シネマ神戸が休館。

15日▽兵庫の元町映画館、パルシネマしんこうえん、豊岡劇場が休館。

16日▽日本政府、緊急事態宣言の対象を全国に拡大。5月6日まで。

17日▽TOHOシネマズが全劇場の営業を休止。

18日▽イオンシネマが全92劇場を臨時休業。その他シネコンは17か18日に休館▽シネマ5（大分）休館。

21日▽NFAJは《緊急事態宣言の終了まで、工事が中断》となり休館延長。「EUフィルムデーズ」（5月30日～6月21日）を中止に▽米ネットフリックス1～3月期の純利益が前年同期の2・1倍に。有料会員数は昨年末より1577万人増▽双葉社から「映画秘宝」（6月号）が復刊。

20日▽6月27日公開『シン・ヱヴァンゲリヲン劇場版』（4作目）の公開延期に伴い、1～3作をYouTube等で無料配信開始。開始約15時間で1作目が100万再生を超える。

22日▽シネ・ウインド（新潟）、ガーデンズシネマ（鹿児島）が休館。

23日▽桜坂劇場（沖縄）が休館▽岡江久美子、コロナで死去。

24日▽フランス映画祭2020横浜（6月25日～28日）が延期を発表▽国立科学博物館が「おうちで体験！かはくVR」を配信開始。

28日▽科学芸術アカデミーは来年の米アカデミー賞について、映画館での上映計画があった場合に限り、配信作品でも選考対象とすると発表。

29日▽青森松竹アムゼ休館。

5月2日▽米テキサス州で映画館3館が再開。入館者を25％に制限。

4日▽安倍総理、全国の非常事態宣言を5月31日まで延長すると表明。

7日▽岡山メルパ、シネ・ウインド、ガーデンズシネマが営業を再開。

13日▽米ツイッター社、封鎖解除後も希望者に永久自宅勤務認める。

14日▽39県の非常事態宣言解除。

15日▽TOHOシネマズの7県10劇場、109シネマズの3県4劇場、MOVIXの5県5劇場、ユナイテッド・シネマの5県5劇場が再開▽米がファーウェイへの禁輸措置を強化。

16日▽桜坂劇場、シネマ5が再開▽ルミエール秋田（11日再開）が閉館。数年来の業績悪化で3月の賃貸契約更新できず▽ダイヤモンド・プリンセスが3ヵ月半ぶりで横浜港を出港。

18日▽イオンが16県27劇場を再開▽今年4月の興収は前年比約96％減の約6億9千万円。映連・小林事務局次長「壊滅的な数字だ」（毎日新聞）。

なお、再開した地方の映画館は座席数を半分から3割程度にまで減らし、マスク着用や検温協力を呼びかけ、休館前の公開作と旧作で番組を編むなどして営業を続けている。また、港区立みなと科学館（4月1日開館予定）、アップリンク京都（4月16日）、Kino

Cinéma天神（4月28日）などが期日にオープンできなかった。

†

最後に署名活動とクラウドファンディングからなる「SAVE the CINEMA」の運動に触れておく。まず4月6日に始まったオンライン署名活動は、コロナによる損失補填と収束後の集客回復のためのイベントに支援を求める内容で、《日本政府、国会議員の皆さま》に宛てた要望書に賛同を募るもの。監督・俳優ら映画人とコミュニティシネマセンターの理事らが呼びかけ人に名を連ねた。4月15日に署名約6万7千筆と要望書を内閣府や文化庁などに提出。書面は小規模映画館を《日本の映画文化の中核を担うミニシアターは、単なる娯楽施設ではなく、地域に多様な文化芸術体験を提供し、コミュニティの「文化権」を確保する重要な文化芸術拠点》と定義する。メジャーもまた大打撃を受けている状況下で、ミニシアターばかりを文化だ芸術だと特権化し、資本の多寡の話を文化の質の問題の如くすり替える姿勢は尊大に過ぎる。ミニシアター消滅の危機をかたって支援を求めるやり口は、映写機のデジタル化や東日本大震災いらい十年一日変わらぬコミュシネの手法だ。

署名に続き、4月13日からクラウドファンディング「ミニシアター・エイド基金」がスタート。深田晃司・濱口竜介両監督が発起人となり、118劇場（102団体）が参加。5月15日までに約3万人から3億3千万円余りを集めた。経費等を引いて均等割するので、一団体に約280万円分配される。4月上旬から閉めている都内のラピュタやヴェーラ、もともと上映は土日祝だけの神戸映画資料館、休館わずか15日間の新潟・市民映画館シネ・ウインドなど、あまりに条件が異なるので「平等の不平等」とも映る。そのうえ、館独自の募金を並行して行うケースもあり、シネ・ウインドの場合、4月20日開始の「明日のため募金」が4週間で900万円を突破している。地域によっては休業協力金も出るので、焼け太る劇場もありそうだ。

4月25日には合同会社東風が運営するポータルサイト「仮設の映画館」が始まった。ミニシアターで公開予定だった作品を一律1800円で配信。《「映画の経済」を回復させるための試み》を謳い、配給会社と視聴者が選択した映画館で興収を折半する仕組みだ。一方で4月下旬以降、YouTubeに賈樟柯監督『来訪』（4分）、行定勲監督『きょうのできごと a day in the home』（42分）、上田慎一郎監督『カメラを止めるな！リモート大作戦！』（26分）などの短編が無料公開され始めた。これらを「映画」と呼べるのかは別として、「仮設の映画館」の発想と対照的なのは間違いない。

今、私たちは少し早くやって来た未来にいる。世界中で撮影が止まり、映画産業自体が岐路に立つ時、これまでのミニシアター経営を持続可能にするための「運動」などはナンセンスだ。

（はせがわ・こうし）

銃弾と硝煙にまみれた拳銃キッド

昔々オーディ・マーフィがいた

二階堂卓也

オーディ・マーフィ

西部劇がアメリカの専売特許だった時代をちょっぴりながら知っている。一九六〇年代半ばまでアメリカ映画といえば西部劇だった。それまで父に連れられ、あるいは単独で見た映画はわずかなものだが、荒野を行く幌馬車、騎兵隊とインディアンの攻防、保安官と無法者の決闘、果てしなき青空の下の大平原や渓谷の景観は子供心にも印象に残り、映画館や街角に貼られたポスターを飽かずに眺めてもいた。乏しい小遣いから購入した「別冊スクリーン・西部劇スター特別号」は今も本棚の片隅にある（昭和三八年発行・二〇〇円）。

それがあたかも我が国の時代劇にも似て、徐々に衰退していった理由については故・増淵健氏が鋭い分析をしておられるが（キネマ旬報一九九二年十二月下旬号所載「西部劇開拓史」）、私流にあっさりいえば、ジャンルそのものが古臭くなったからだろう。俳優や監督の新旧交代が進んでいた時期でもある。ここで突如勃興したマカロニ・ウェスタンに触れたいところをグッとこらえるのは、ハリウッド西部劇の衰退はそれがあろうがなかろうが、時流を鑑みれば必然だったかもしれないと思うからだ。

そんな中で、忘れられないのは右の「別冊スクリーン」に紹介されていたJ・ウェイン、G・クーパー、H・フォンダ、B・ランカスターらではない。オーディ・マーフィである。初めて見た主演作『野郎！拳銃で来い』（55〈60＝本邦公開年度・以下同〉ジョージ・マーシャル監督）

『テキサスから来た男』プログラム

は、駅馬車から鳥籠を持って降りてきて、町民たちに笑われるシーンしか覚えていないが、実に面白かった記憶がある。以来、大男揃いのハリウッドには珍しい短躯童顔の〝ピストル小僧〟の存在は永くこの胸にあった。

オーディ・マーフィといっても、令和の御代に「ああ、あの……」と想起する人が何人いるか知らないが、彼こそはハリウッドが謳い上げた伝統の開拓者精神など、どこ吹く風、ガンファイトこそウェスタンの神髄とばかり、無法の西部の拳銃街道を砂塵あげて突っ走った稀有なスターなのである。

手元の範囲内に限るが、この俳優や作品にことさら言及している書籍や雑誌が見当たらないのはもっけの幸い、誰も書いていないのならテメエが書くしかないわけで、以下では主演作を中心にその軌跡をたどる。略歴などはネット上の各種データに詳しいので省略する。

1

『テキサスから来た男』（50〈53〉カート・ニューマン監督）は実在した若きアウトロー、ビリー・ザ・キッドの物語である。21歳で保安官パット・ギャレットに射殺されるまで21人を殺したという、広く流布しているエピソードを改めて――まして「映画論叢」誌上に書くこともないが、これをマクラにしないと、どうも具合が悪い。キッドの生い立ち、素性、その最後には諸説あるが、この映画には冒頭に堂々と（?）「真説である」とのナレーションが入り、左利きだったという説も無視して、最初から二挺拳銃のガンベルト・スタイルで登場する。

背景にあるのは二人の牧場主――保安官と結託しているハーパーと、雑貨屋を経営しているケインと組むジェームソンの争いから起こったリンカーン郡戦争（史実）。雇ってくれた恩義があるジェームソンが殺されたことから徒党を組んで報復に出たキッドに討伐隊が迫る。一旦逮捕されるも、自分に賞金を懸けたのが保身を図るケインと知るや脱獄。再会した仲間数人とその屋敷に乗り込んでの銃撃戦がハイライト。逃走に成功したキッドはかねてから思慕していたアイリーン（ケインの若い妻）会いたさに姿を現すが……。

これも『テキサスから来た男』。ゲイル・ストームと

ふんだんにある撃ち合いは殺した、殺されたより、撃った、撃たれたという案配で、拳銃にせよライフル銃にせよ、発射音も適度。マカロニ・ウェスタンに毒された身に物足りないのは、当時あったヘイズ・コードのせいか。アイリーンへの恋情もプラトニックなまま。接吻一つしなかったのは「不倫」まで規制した同コードによるものか。

ビリーは綽名（Kid＝子羊、少年）から小柄だったとされているからオーディ起用はうってつけ。同じキャラクターだった『左きゝの拳銃』（58）や『ビリー・ザ・キッド／21歳の生涯』（73）の主演者よりは格段にフィットしていた。デビューから四本目、記念すべき西部劇初主演作は、契約したユニヴァーサル映画での一作目でもあった。

実在したアウトローを演じたのは他に2本。『命知らずの男』（50〈57〉レイ・エンライト監督）ではジェシー・ジェームスに扮した。一八六〇年代半ばの南北戦争期には北軍あるいは南軍に加担しつつ、戦争に名を借りて殺戮、略奪をほしいままにするゲリラ部隊が存在し、南軍派のウィリアム・クワントレルに心酔するジェシーは兄のフランク、ヤンガー兄弟らと共にその集団（Quantrill's Raiders）に加わり（これも史実という）、リーダーとしての頭角を現していくものの、罪のない町民たちまで無差別に殺していく方針に疑問を抱く。

一旦、クワントレルから心が離れるジェシーは、結局兄たちと一緒に彼の指揮下に留まり、最後まで献身するのだが――。主人公の心情はよくわかるが、苦悩する西部劇のヒーローなどは見たくないのが本音。ましてや、オーディ・マーフィが。同じ頃に売り出されたトニー・カーティスが仲間役で出演しているが、全然わからなかった。

これら二人ほど有名ではないビル・ドゥーリンを演じたのが、その通称名から命題された『シマロン・キッド』（52〈59〉バッド・ベティカー監督）。仮釈放になったキッドは、ダルトン四兄弟率いる古巣の列車強盗団に出くわしたことから手引きをしたと疑われるが、逃亡して再び仲間入り。何かと反目するレッド（ヒュー・オブライエン）、情報収集に長けた女、足を洗って牧場経営に励む男とその娘など、キャラクターが丁寧に描かれ、執拗に追う鉄道公安官、キッドに同情する保安官も絡めたドラマはよくできていた。二つの銀行を同時に襲うシーンはスリリングで、包囲されると強行突破する銃撃戦も見せた。

だが、仲間たちは次々に射殺されていき、切羽詰まったキッドはアルゼンチン行きの夢を賭け、輸送中の金塊を奪おうとするのだが……。主人公の死で終わる娯楽映画は邪道であると信じているので、法に身をゆだねるラストには救われる。

2

我が国には西部劇二作目に相当する『シエラ』（50〈51〉アルフレッド・E・グリーン監督）が先に公開された。十五年前、馬泥棒と殺人の濡れ衣を着せられてシエラ（山地）の奥深く逃げ込んだ父ジェフに育てられた息子のリング（マーフィ）が、弁護士志望の娘ライリーの助力もあってその汚名をそそぎ、真犯人を暴くまで。

並行して描かれる悪党マット一味との野生馬争奪戦ではスタンピード（家畜の集団暴走）のシーンがすごい。荒馬の乗りこなしと併せて、アメリカ西部劇ならではの見せ場だろう。世捨て人ロンサムのギターの弾き語りも、このジャンルのテイストの一つに違いないが、それを味わう柄ではない。

『抜き射ち二挺拳銃』

ただ、物語はわかりにくい。昔の事件が脇役たちの台詞で語られるだけで、我々はその情況を想像するしかないからだ。マットを雇っている牧場主にしてライリーの婚約者でもあるデュークの役割もはっきりしない。ジェフが生きていると知った保安官が民護団を率いて迫るが、真犯人がわかり、リングはライリーと結ばれるラスト。ガンマンという設定ではないからオーディの射撃シーンは少ない。リングに協力するコルター一家の息子の一人、ブレント役アンソニー・カーティスはトニー・カーティスの旧名。

金《きん》の採掘者たちを脅して権利書を奪い、挙句は射殺する強盗団に父を殺された息子ルーク（マーフィ）が復讐を誓い、立ち寄った町の保安官タイロン（スティーブン・マクナリー）に協力、一味を壊滅させる『抜き射ち二挺拳銃』（52〈59〉ドン・シーゲル監督）はテンポよく進み、早撃ちで知られたタイロンが指の痙攣で「早抜き」しかできなくなったり、正体を隠した悪女に翻弄されたりするハラハラ場面も用意して飽きさせなかった。

ルークは鮮やかなガン捌きはもちろん、賭博の達人ぶりも見せる。もっとも、ドラマ上の主役はタイロンになっており、ルークを「小僧」呼ばわりし、「ポーカーは大人の遊びだぞ」などと、諌めたりするあたりは面白いが、結果として、どちらが主役か判然としない仕上がりになった。二兎を追う者は……。この映画ばかりではないが、町民たちや酒場の客など――エキストラの豊富さは後年のマカロニ西部劇の比ではない。DVDタイトルのアタマは「抜き打ち」になっている。

『ガンスモーク』（53〈未〉ネーサン・ジュラン監督）は、タイトルからは想像もつかなかったキャトル・ドライブものだった。早撃ちとして鳴らしたレブ（マーフィ）が賭けで牧場の経営権を握り、牛の大軍を遠路鉄道駅まで運ぶことになる。同行する元の牧場主ダンと娘のリタ、これを阻止しようとするボス、その用心棒はレブのかつての相棒ジョニー、二人とは旧知の酒場の歌姫などのキャラがよく立っていて、ここだけ見れば何やら日活の「渡り鳥」シリーズそっくりで、レッド＝小林旭以下、ダン＝宇野重吉、リタ＝浅丘ルリ子、ボス＝金子信雄、ジョニー＝宍戸錠、歌姫＝白木マリになぞらえられよう。リタにふられる牧童は小高雄二か。

牛追いのシーンはさすがに見応え十分。物語が澱みなく進むのは善玉悪玉双方の会話がポンポン調子よく弾んでいるからだ。よけいな台詞は一切なく、思わず釣り込まれてしまう。ジュランの演出も快調で、こんなに面白い映画が未公開だったとは。

この年、ジュランとはもう一本組んでいて、幌馬車隊の護衛を請け負ったジムに扮した『早射ち無宿』（53〈61〉）は逆にピンチの連続である。襲ってきたヤキ族の酋長との話し合いは決裂し、殴られて昏倒。一行はセス（幌馬車隊のリーダー）の妻と妹を残して全滅。町で卑怯者扱いされ、ラム（セスの弟）の扇動で絞首刑寸前になるジムは、冒頭助けてやった酋長の息子に救出され、ヤキ族の襲撃には何か裏があると踏み、親切な牧場主が譲ってくれた貧相不格好なラバのような白馬に跨り、ヤキ族を追う。頼りなさそうなこの馬が、かわいくも賢くユーモラスで、砂漠で渇死しそうな主人の命まで救うことになる。

追走してくる保安官たち（助手の一人に、おお、リー・V・クリーフ！）。一足遅れてラムまでも。ヤキ族との戦いのあと、ジムの説得で瀕死の酋長が指さした襲撃事件の黒幕は、そして真相は――。悪玉の扱いが粗略なのは『シエラ』にも感じたこと。荒野や岩山といった背景が素晴らしい。馬の名は原題"Tumbleweed"になっている。

何者かに牛を盗まれ、父と弟を殺された鉄道公安官クレイの犯人捜し『荒野の追跡』(54〈58〉ジェス・ヒッブス監督)は、保安官、弁護士、その婚約者、酒場の美女、犯人と目されるキンケイド(ダン・デュリエ)ら、キャラクターは揃っているが、肝心のドラマがなかなか進まないので、途中からイライラしてくる。キンケイドの助力で判明する悪党一味との銃撃戦も迫力なし。オーディに普段の闊達さが見られないのは役柄上やむを得ないとしても、監督の通り一遍の演出もあったのではないか。

3

南北戦争は西部劇の格好の題材だった。若き北軍兵士(マーフィ)が初陣の緊張と死の恐怖を克服し、一人前の軍人に成長していくプロセスを描いた『勇者の赤いバッジ』(51〈58〉ジョン・ヒューストン監督)は、主人公のキャラクター性からガンファイトを見せ場にした〝西部劇〟の範疇に入れるのはためらわれるのでパスするが、アメリカでは"Civil War"と呼ばれる内戦の糸口になった奴隷制度是か非かについて何も語られていないのは『命知らずの男』と同じで、これは本国で常識になっていて、改めて語るほどのことではないのか、あるいはそうしたイデオロギー論をあえて避けているのか、その昔、高校の世界史で習ったくらいの知識しかない筆者にはわからない。

兵たちが厭世気分になる場面や、敵と味方がお互いの出身地から心を通わせる場面もあったが、全体に平板に流れるのは短縮版公開だったせいもあるかもしれない。

ナヴァホ族との融和を図るジェド中尉に扮した『宿命の対決』(53〈未〉フレデリック・デ・コルドヴァ監督)を見ると、軍人たちは戦争開始前から北部派と南部派に分かれていたことが、冒頭、兵舎で『カサブランカ』さながらの〝歌合戦〟があることでもわかる。以下、先住民排除に躍起になるガチガチの南部シンパの新任大尉との対立、その妹とのロマンス、先住民蜂起の偽情報を流して開戦の火蓋を切ろうとする南部派上層部の策謀が描かれる。

通常とは逆に、ナヴァホ族が軍の砦に立てこもって応戦する場面は、サーベルと手斧の白兵戦もあって新味を出しているが、当時の西部・南部諸州の事情や地理に精通していないと理解できない会話もある。"copper head"なんて、辞書で調べたほどだ。ラストに"CIVIL WAR RIPS NATION"という新聞の大見出しが出る。

その見出しが語るよう、この内乱は国を真っ二つにしただけでなく、個人の主義心情の違いから同じコミュニティの人間関係や家族の仲まで引き裂いたらしい。『赤い連発銃』（57〈同〉ジョージ・マーシャル監督）では主人公のフランク中尉（マーフィ）がテキサス出身ながら北軍に入隊したことで、故郷の村人たちから〝ヤンキー〟と呼ばれ（北部人の意だが、蔑称のニュアンスがある）、白眼視される設定になっている。脱走兵になってまで故郷に戻ったのはコマンチ族襲来を知ったからだが、村は男たちの出兵のため無防備状態。彼は反目を無視して女性や子供たち全員を教会に集め、迎撃態勢に入る——。

主人公は内憂外患、女性たちは絶体絶命の状況だが、映画はユーモアも挟んで、面白く見られる。射撃訓練、一人残っていた男の逃走、三人のあらくれ者の登場など巻中のエピソードも豊富。押しよせるコマンチ族との死闘はハラハラドキドキ。特

『夜の道』。上はジェームス・スチュワート

に、婆さんたちの奮戦が見もの。犠牲者を出しながらも〝ペチコート砦〟にあがる勝利の凱歌。音楽も効果的だった。オーディは共同ながらプロデュースも兼ねた。

ここまでヒロインについてさほど触れていないのは、主人公に先入観を持っていて、反発したり、お説教をしたりといった役割を果たしているケースが多いからである。その誤解が恋心に変わっていくのは定番みたいなものだから別に目くじら立てることもないし、作り手側には女優への配慮もあるのだろうと忖度したいが、それにしても勝気なキャラクターが目立つ。

開拓記のワイルド・ウェストに良家の楚々としたご令嬢がいるわけもないが、そのお節介や出しゃばり（といっておく）が主人公の行動、ひいては物語の展開に水を差す結果になっていることは否めない。『赤い連発銃』でヒステリックにわめく一人をフランクがブン殴るシーンには快哉を叫んだ。

4

一九五〇年代末からしばらく、日本で西部劇ブームになったのは、作品の多さもあるが、テレビ・ウェスタンの人気が急激に高まったためと看ている。映画よりも『拳銃無宿』『ララミー牧場』といった番組のほうに記憶がある人が多いのではないか。オーディには西部の犯罪事件を探偵が追うミステリ風の『スミスという男』（61・フジTV）があったが、話題になることはなかった。

一九六〇年以後公開の主演作13本という数字は（個々の出来栄えはともかく）堂々たる西部劇スターなのに、その知名度、存在感はどう贔屓目に見てもそんなになかった。嘆かわしいことではないか。

先に「実に面白かった」などと書いた『野郎！拳銃で来い』は再見したら、思い出は美化されるとの譬えは本当らしいとわかった。町を牛耳るボス一味を新任の保安官助手が叩きのめす内容だったが、この主人公、開巻からなかなか登場せず、当初はガンベルトを巻かない設定だったし、頻繁にある酒場での歌と踊りは演じる女優に魅力が感じられないので退屈なだけ。元々、西部劇の定番のような〝ショータイム〟は好きじゃないのだ。

前半のコミカル・タッチから一転、アル中保安官（トーマス・ミッチェル）が殺されて、ようやく銃撃戦になる展開は、重要な脇役が犠牲にならないと主演者の殴り込みがない東映のやくざ映画みたいな案配だ。

しかし、オーディ・マーフィという俳優を意識して映画館で見始めたのは本作からに違いなく、それは今から思えば、他の西部劇スターたちのほとんどがノッソリしたオッサンばっかりだったからではなかったか。当時、三〇代半ばだったオーディは、そのマスクと小柄な体からずいぶん若く映じたのだ。童顔が親しみやすいせいもあった。

ガンマンが瀕死の保安官の頼みで四人の脱獄囚を追走する『四人の無頼漢』(61〈61〉ハーバート・コールマン監督)。同行する一人にジョン・サクソン、脱獄囚の中にヴィック・モロー、リー・V・クリーフがいて、これだけ知っている俳優が出ていると、おのずと作品への興趣が増すというものだが、出来はよくない。追う者、追われる者のグループによる殺戮のシーソー・ゲームの末、生き残るのはマーフィとサクソンのみ。拉致されていた娘の危難も描かれているが、銃撃戦が単調で盛り上がりに欠けた。ラストの墓場のシーンのセンチメンタリズムは場違いなほどだ。

『六頭の黒馬』(62〈62〉ハリー・ケラー監督)は道中もの。馬泥棒と間違えられて縛り首寸前のベン(マーフィ)は、助けてくれたフランク(ダン・デュリエ)と同道。夫に会いたいという美女ケリーの依頼で、遠くの町までのエスコートを一〇〇〇ドルで引き受ける。

金のためなら殺しも辞さないフランク、牧場を持ちたい夢があるベンはともかく、不審な動きをする人妻がミステリアスな雰囲気を醸し出す。襲ってくるコヨテロ族やスカルプ・ハンターたちとの戦いもあるが、途中でケリーの思惑の種明かしがされてしまうので、ドラマの興味はここで尽きる。彼女の真の目的は、ある復讐のためなのだが、それにしても回りくどい方策を取ったものだ。

ベンとフランクの生き様——人生観といってもいい対比は脚本でよく描かれており、それはタイトル(原題"Six black horses"直訳)に象徴されていることが、やがてわかる。旅を続けるかどうかで対決する二人の決着は書くまでもない。

5

二人のカウボーイが旅の途中で災難に見舞われる『地獄の対決』(62〈63〉R・G・スプリングスティーン監督)はいいところがない。クリス(マーフィ)は相棒バートが酒場で喧嘩騒ぎを起こしたことで無法者数人と共に首枷をはめられ、鎖で繋がれる。彼らと一緒に逃げたのはいいが、しばらく首枷と鎖は外れず、おまけに丸腰のままでは拳銃キッドどころではない。

バートが殺されると、今度はその愛人の愚痴や怨嗟の愁嘆場。主人公が主体的に行動できない巻き込まれ型のドラマだから、撃ち合いは用意されているものの、娯楽映画特有のカタルシスが味わえない結果になった。

女優に限らず、男優共演者の名も多く省略しているのは馴染みがないからだ。オマエが知らないだけだといわれたら、己が不明を恥じるだけだが、これは世代の差だ。表記したのは別の映画で接し、名前がすぐわかった俳優だけである。

印象深いのは『情無用の拳銃』(60〈60〉ハリー・ケラー監督)で悪党ながら頭も切れて腕も立つ老練のガンマン、フラッドを演じたバリー・サリヴァンただ一人。警備隊の上官の命令で彼を追走して逮捕したセブン(マーフィ)だが、サドル・パル(鞍仲間)とはいいがたい男との道中は緊張の連続。そのうち寝食を共にしたり、インディアンや無法者を撃退するなどして、二人に奇妙な友情が芽生え始める。一年前のセブンの兄の死に上官が関わっていたらしいという疑惑も興味を繋ぐ。だが、結局は相容れぬ仲の両者は夜の静寂の中に対峙する。サリヴァンのキャラクターはリー・V・クリーフが『夕陽のガンマン』(65)で演じた大佐役を彷彿させた。

牧場を継ぐため帰郷したガンマン、クリントの厄災を描く『クイック・ガン』(64〈同〉シドニー・サルコウ監督)は、主人公を窮地に立たせる作為的な手法が目立つ。町民は厄介者のごとく扱い、かつて息子二人を殺されて恨み骨髄の親爺と甥もいる。愛を誓った女性は友人の保安官と婚約中と、まさに四面楚歌だが、主人公が嫌われる理由が断片的にしか語られていないのが困りもの。銀行の金を狙って凶悪なスパングラー一味が押し寄せるという情報にも内通していると勘繰られ、挙句は親爺と甥を返り討ちにしたことからブタ箱に入れられる始末。

スパングラーが下品で野卑なのはいいとして、出番の度にエンエンと無駄口ばかり叩いている。敵の接近を知った保安官は、一体どうしたことか、せっかく築いたバリケードを越えてノコノコ出迎え、あっさり殺されるテイタラク。町民たちは応戦空しく、バタバタ倒れていく。クリントはボスを片付けるが、生き残った町の男はたった二人。主人公はヒロインと結ばれるからいいけれど、町の将来はどうなるのかと心配になってきた。

オーディ・マーフィが長い間、プログラム・ピクチャー向けの、いわゆるB級西部劇のスターとしてのレッテルを貼られてきたのは、ユニヴァーサルの経営方針や、娯楽本位の作品内容にもあるけれど、腕のいい職人肌の監督にめぐり会えなかったからではないかと思われてならない。

脇に回ったのはB・ランカスターの弟役だった『許されざる者』（60〈60〉ジョン・ヒューストン監督）。世評高い作品だが、ランカスターとヘップバーン中心のドラマだから、テレビ放映で済ませたまま。「お、出てる出てる」といった印象しかない。『夜の道』（57〈57〉ジェームス・ニールソン監督）でも主演のジェームス・スチュワートの弟役だったのは偶然にしても（敵対する強盗団の一員で、最後は兄を助けるのだが…）、ハリウッドでは俳優のキャリアや実績から、それなりのランキングがあるのかもしれない。オーディ作品は一九六四年からはもっぱらコロンビア映画の配給になった。

6

『手錠の男』（65〈66〉ウィリアム・ウィトニー監督＝以下特記以外同）は開巻から、W・クワントレルの経歴がいやに詳しく紹介される。映画はその死後の後日譚。懲役刑を受けた元ゲリラのクリント（マーフィ）とウィリーは釈放を条件に、群盗と化したかつての仲間たちに加わることになる。一味が政府の金塊を狙っていると察知し、その情報を得ようとする警備隊の隊長の奇策だった。探偵や刑事が身分を偽って悪の組織に潜り込む映画は『肉体の密輸』（56・日活）など、日本でも珍しくなく、未見ながらオーディにはこれより前に探偵が無法者になりすまして一味に食い込んでいく『連邦保安官』（63〈64〉フランク・マクドナルド監督）があった。

マカロニ・ウェスタンなら、昔の仲間だろうが何だろうが容赦なく皆殺しにし、金塊をかっぱらってズラかるに決まっているが、そこは法と正義を尊ぶハリウッド、一度はメキシコに逃げようとしたクリントは、警備隊員になっていた弟の説得で翻意する。教会を居留地にしていたヤキ族を追い払って根城とした一味は金塊強奪に成功するが、報復を忘れないヤキ族の待ち伏せにあって壊滅。クリントは役目を果たすものの、弟とウィリーが殺されるのは犠牲が大き過ぎた感じで、スッキリしない。警備隊長役のバスター・クラブは戦前からの有名な西部劇俳優とか。

騎兵隊ものが2本。『大襲撃』（64〈65〉）は白人とアパッチ族の間に立って、両者を和解させようとする大尉の苦悩。テレビ放映の際のメモには「マーフィの西部劇の面白さはドンパチ撃ち合うところにあるのだが、いかんせん、これは対立を食い止めようと右往左往するばかりで、カッコ良さなど微塵もない。金鉱夫たちが絡むドラマ自体歯切れが悪い。仲裁に失敗した時、いきなりインディアンの槍で突き刺されたのにはビックリした。ラストがハッピーに終わるのにはホッとした。古い時代の古い西部劇」とある（一九七五年三月二九日・TBS）。

『東京特ダネ部隊』。ジョージ・ネイダー、志摩桂子と

新式の連発ライフル銃四〇挺の奪回をめざす『無法のライフル』（67〈70〉）は危機の連続。大酋長コチーズ率いるアパッチ族から砦を守るため必死の騎兵隊に新式銃が輸送される報が入る。これを受け取りに行くのがマーフィ扮するコバーン大尉と、反抗的なボーディンや実戦知らずのマイクとダグの若い兄弟らの志願兵。

アパッチの奇襲にマイクは殺され、ダグは初めての実戦にオロオロするばかり。銃はボーディンが奪って、コチーズに売ろうとする。砦に戻ったコバーンは隊長に叱責され、降級処分とまったくいいところがない。

エレン（兄弟の姉）が、マイクの死とダグの失態をコバーンの責任のように非難する場面は、先に述べた出しゃばりとは状況が違うにしても、あまりに一方的で、観客を不愉快にさせるだけだ。このあと、勇気を得たダグの助けで銃を奪回、憎っくきボーディンを屠る奮闘までずいぶん待たされた。オーディの本邦最後の劇場公開作。荒野に響いた裏切者への必殺のライフル連射――これがハリウッド西部劇に挺身したベビー・フェイスのヒーローの弔砲になろうとは。

この間の『テキサス群盗団』（66〈未〉レスリー・セラ

ンダー監督＝DVD）はスペインで撮影されたRunaway西部劇。新聞社を経営していた兄が殺されたと知ったお尋ね者のガンマン、ジェス（マーフィ）が町に舞い戻り、顔役のルーク（おお、ダン隊長〈と書いたって誰も知らないか〉＝ブロデリック・クロフォード）一味の襲撃をはねのけ、殺人の証拠をつかみ、悪事を暴くまで。

ルークの用心棒たち（その一人にアルド・サンブレル）との決闘一対三は、風吹きすさぶストリートに砂塵舞い（西部劇はやはりこうでなくてはならない）、ジェスの手練の早撃ちで、あっという間にカタがつく。主人公に好意を持つ女性二人の絡みが適度なのもいい。西部劇にはキャリア十分の監督が、淡々と、しかし、手抜きなくまとめていた。同監督による『膝撃ちサム』（48〈57〉）のリメイクという。スペインのフランシスコ・マリンの撮影、イタリアのニコ・フィデンコの音楽だから、ちょっぴりながらマカロニ風味がある。

＊

飛行機墜落事故による訃報がもたらされたのは一九七一年五月末。遺作となったのはガンマン志望の若者と、町のサロンに働きにきた娘の悲劇"A Time for Dying"［死ぬべき時］（69〈未〉バッド・ベティカー監督）。自らプロデュースした作品で、あとからは何とでもいえるが、不吉といえば不吉なタイトルではないか。

オーディは珍しく髭面で、若者が憧れるジェシー・ジェームスに再び扮してのカメオ出演。元々農夫だった若者の手のひらが汗ばんでいるところからガンマンには向かないと諭すシーンはクライマックスの伏線になっている。

当時は四〇代半ば、童顔の面影はあるものの、さすがに少し太ったようだ。映画は若いカップルの生きざまに共感できず、アル中老判事ロイ・ビーンの長広舌や結婚式の乱痴気騒ぎに辟易。ラスト、主人公はあっけなく地に這い、どうにも捉えどころがない一編だった。

『連邦保安官』以外に未見の映画が数本ある。文字データを読んで梗概を書くだけならコトは簡単だが、それをやっちゃあ男がすたる。最後に、『荒野の追跡』『四人の無頼漢』『地獄の対決』『情無用の拳銃』がディスク・ロード社から発売予定という情報を得ていることを付記しておく。It is not long before Audie come back!

（にかいどう・たくや）

協力＝千葉豹一郎

映画論叢のバックナンバー

●品切れ　1号／2号／4号／8号／11号
●在庫僅少　7号／14号／16号

【20号】原知佐子の新東宝時代／ダビング繁盛時代　河辺公一
【21号】三輪彰監督インタビュー／東宝争議と松林宗恵／極東キネマ
【22号】ボンドガール若林映子／アイドル山本豊三／T・ザイラー追悼
【23号】新東宝スタア星輝美／オリーヴ・トーマスの死
【24号】小杉勇・渡辺邦男・中川信夫／久保明インタビュー／万博の映像
【25号】柳川慶子インタビュー／井田探インタビュー／鶴田VS若山
【26号】東宝傍役俳優インタビュー／松竹時代の寺島達夫／争議とヤクザ
【27号】緑魔子&小谷承靖監督&柴田吉太郎監督インタビュー
【28号】高宮敬二自叙伝／横浜モダン・北林透馬／日本ロボット映画
【29号】B・クリステンスン研究／中田康子インタビュー／談志追悼
【30号】小森白インタビュー／B・ラ・マール伝／仏家庭映画小史
【31号】伊沢一郎・日活の青春／翻訳映画人・東健而／『殺人美学』再評価
【32号】70ミリ映画女優・上月左知子／土屋嘉男インタビュー／改題縮尺版
【33号】小笠原弘インタビュー／松竹キネマ撮影所／東宝レコード
【34号】阿部寿美子自伝／ラッセル・ラウズ監督再評価／福宝堂完全リスト
【35号】鬼才W・グローマン／アルモドバル本の誤訳／佐々木勝彦語る
【36号】ルーペ・ベレス／東映東京の〝血と骨〟／動物モノの巨匠A・ルービン
【37号】マイ・ゼッタリング／A・ド・トス／ブルーバード映画とロイス・ウェバー
【38号】西村潔〝お蔵入り〟の真相／J・ガーフィールド／『警視庁物語』
【39号】レムリ一族の興亡／原一民のみた黒澤明／ウェンデル・コリー
【40号】映画監督・三船敏郎／ディック・パウエル／和製ターザン樺山龍之介
【41号】河合映画・由利健次／『ファンタジア』／アードマン・アニメ
【42号】『どろろ』映画化／近藤経一／W・ベンディックス／全勝映画大調査
【43号】中川信夫の教育映画／東宝ビデオレンタル黎明期／A・ケネディ
【44号】小倉一郎、村井博のみた加藤泰／東独映画／フォード一家名簿
【45号】大船スタア園井啓介／ジョン・ギャヴィン／新東宝・大貫正義
【46号】『自動車泥棒』・和田嘉訓／歸山教正周辺／ビスタ・サイズの誤解
【47号】大映・小野川公三郎／ヘンリー・コスター／J・ウェインと仲間
【48号】ジョン・ファロー／『ジョアンナ』研究／森下雨村の映画／堺勝朗
【49号】田口勝彦による東映東京／ロリー・カルホーン／スコープ・サイズ
【50号】『二十歳の恋』田村奈巳／『2001年宇宙の旅』鑑賞半世紀／ジェフ・チャンドラーの死の謎／飯塚増一と降旗康男／ナタリー・カルマス

【51号】追悼・三上真一郎（秘蔵写真、徹底フィルモグラフィ他）／『サロメ』になった女優たち　中田耕治／ビデオ画面とワイドスクリーン　内山一樹／岸田森『全記録』補遺　武井崇／黒田記代と『情熱の詩人啄木』　丸岡澄夫／コメディアン・パン猪狩　飯田一雄／増淵健チャンバラ談義発掘　永田哲朗／現役監督ピンク修業帖　東舎利樹

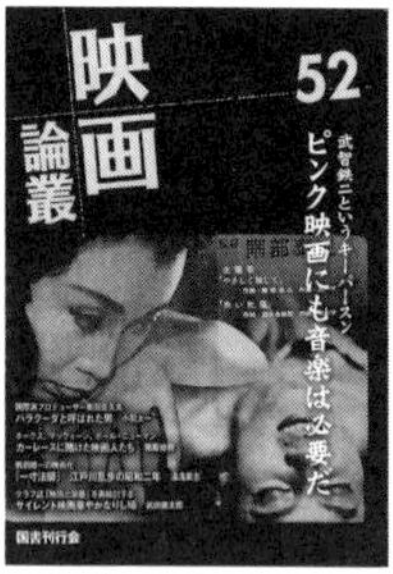

【52号】バラクーダと呼ばれた男・プロデューサー奥田喜久丸　小関太一／カーレースに賭けた映画人たち　猪股徳樹／乱歩作品戦前唯一の映画化『一寸法師』　湯浅篤志／『映画と演藝』誌にみるサイレント時代　武田鐵太郎／美術監督・千葉一彦インタビュー／藝人・桜川狸介　飯田一雄／独立系成人映画の作曲家たち　東舎利樹

【53号】絵筆で表現するスターたち　中田耕治／ジョン・スタージェスを語ろう　猪股徳樹／16対9テレビと映画の画面サイズ　内山一樹／山麟VS鶴田、東撮の決斗　五野上力／フィルムアーカイブ展示を斬る　浦崎浩實／井手俊郎、木村恵吾とコラボする　北里宇一郎／映画批評家旗揚げの頃　武田鐵太郎／書簡にみる三上真一郎

●映画論叢バックナンバーのうち、No.3〜No.18まで（各号840円。送料樹花舎負担）のご注文は樹花舎へ。メールあるいはファクスでご注文ください。ファクス：03-6315-7084　メール：kinohana@mb.infoweb.ne.jp
No.19以降は国書刊行会へ。一部1000円+税。

独立系成人映画再考 音楽篇2

クラシック界の大物続々登場

東舎利樹

阿部武雄（1902〜1968）は山形県鶴岡市湯野浜生まれで東洋音楽学校卒。神戸オリエントホテルのバンドマンなどを経て、1933年に作詞家・藤田まさとの紹介で入社したポリドールの専属作曲家となり、東海林太郎「国境の町」上原敏「流転」高田浩吉「関の弥太っぺ」などのヒット曲を手がけ、1937年に上原敏・結城道子が唄った「裏町人生（作詞：島田磬也／作曲：阿部武雄）」は美空ひばり／北島三郎／橋幸夫／石原裕次郎／渥美清など多くの人物がカヴァーしているが、「映画論叢34」の小代一夫の項でもふれた木俣堯喬『裸体《はだか》の街（69）』のタイトルバックや劇中で流れる歌も「裏町人生」のようで、木俣の『みだれ枕（76）』の劇中でも（誰のカヴァーかは不明だが）BGMの1曲として「裏町人生」が使われている。

島田磬也《きんや》（1909〜1978）は熊本県熊本市生まれで18歳のとき上京し西條八十の門下に。1934年に藤山一郎「川原鳩なら（西條と共同）」で作詞家デビューし、その後もディック・ミネ「長崎エレジー」「夜霧のブルース（石原裕次郎もカヴァー）」田端義夫「嘆きのピエロ」村田英雄「黒田武士」などの作詞を手がけ、マキノ正博「鴛鴦歌合戦（39／オペレッタの構成も）」島耕二「街の唱歌隊（40）」古賀聖人「マライの虎（43）」といった映画にも作詞家として参加し、島耕二「金色夜叉（54）」には出演者として名前もあるが役柄は不明。また、堀内眞直「白い肌と黄色い隊長（60）」には詩吟指導としてクレジットされている。

加藤三男〈光男〉（1917〜1972）は黒澤明脚本&大曽根辰夫監督の「獣の宿（51）」野口博志「俺は情婦を殺す（58）」など松竹／大映／日活各社の、ピンクでは関孝二『鉄火芸者（65）』の映画音楽を担当。ちなみに井川耕一郎監督の「渡辺護自伝的ドキュメンタリー第10部：渡辺護が語るピンク映画史（補足）すべて消えゆくピンク映画1964〜1968」によると、渡辺の『女の狂宴（66）』は「獣の宿」からのイタダキらしいが、これは〝生田洋〟名義で渡辺作品の撮影を手がけていた竹野治夫（松竹で大曽根の「旗本退屈男 江戸城罷り通る」「牛若丸」などの撮影を担当）のアイデアだったらしい。

青木暢男（1920〜）は日高繁明「新婚シリーズ 月給日は嫌い（62）」新井裕司&伊吹良輔が共同監督した成人指定のドキュメンタリー映画『日本奇説性祭記(65)』などの音楽を手がけ、他にも江戸川乱歩が解説をつとめたラジオドラマ〝スリラー劇場〟の「賭博学体系（59・7・8放送）」「ある門出（60・9・28放送／最終回）」や、テレビドラマ「クリミヤの灯は消えず（61・10・29放送）」「くらやみ五段

長澤勝俊

（65～66放送）」そして牧野守「クラブ活動とたくましい老人たち（74／33分）」池田浩郎&三輪彰「母と子の旅—自然歩道を行く—（76／32分）」といった16㎜の文化映画で音楽を担当。

なお『日本奇説～』の解説・篠田節夫（1924～1995）はNHKの大河ドラマ「竜馬がゆく（68放送）」「勝海舟（74放送）」連続テレビ小説「澪つくし（85放送）」などに出演し、テレビアニメ「レインボー戦隊ロビン（66～67放送／ベンケイ役）」劇場版アニメ「西遊記（60／沙悟浄役）」「わんぱく王子の大蛇退治（63／イザナギ役）」などには声優として参加。

長澤勝俊（1922～2008）は日本大学藝術学部へ入ったが中途で徴兵され1942年12月に入隊。南方での抑留生活を経て1947年秋ごろ帰国し、長澤のイトコの夫である演出家・八田元夫の紹介で1948年3月《人形劇団プーク》に入り、音楽部でアコーディオン伴奏や作曲を担当しながら作曲家・清瀬保二に師事。1964年に創立された邦楽器演奏グループ《日本音楽集団》の創設メンバーでもあり「子どものための組曲」「組曲人形風土記」「大津絵幻想」など現代邦楽作品を多数作曲しているが、俳優編で前にふれた中江隆介（プークで脚色や演出を担当）の紹介で記録映画などにも関わるようになり、ヌードを含むグラマー写真の撮影風景を切り取った中村正也&小山内治夫の共同監督によるドキュメンタリー『モデルと写真家（58）』や東映教育映画作品、そして後にピンク映画を監督することになる新藤孝衛「新しい村人たち（61）」三輪彰「警視庁（62）」中村積「おいら町っ子（64）」といった作品（やはり教育映画？）でも音楽を担当。三代目市川猿之助のスーパー歌舞伎では4作品で作曲（1986年初演の「ヤマトタケル」では総数230曲）を手がけ、1990年には紫綬褒章を受章。また日本音楽集団40周年記念として長澤へのインタビューなどをまとめた冊子「長沢勝俊 音に命を吹き込む：長沢音楽のすべて」が2004年に刊行されている。

只野《ただの》通泰《みちやす》（1923～2015）はシベリアで抑留生活をしていた時の音楽体験をルーツに持つ作曲家&編曲家で、内出好吉「柳生武芸帳 剣豪乱れ雲（63）」など東映作品の音楽を担当しているが、日活多摩川／大映などにいた片岡均（＝水野治）が監督した

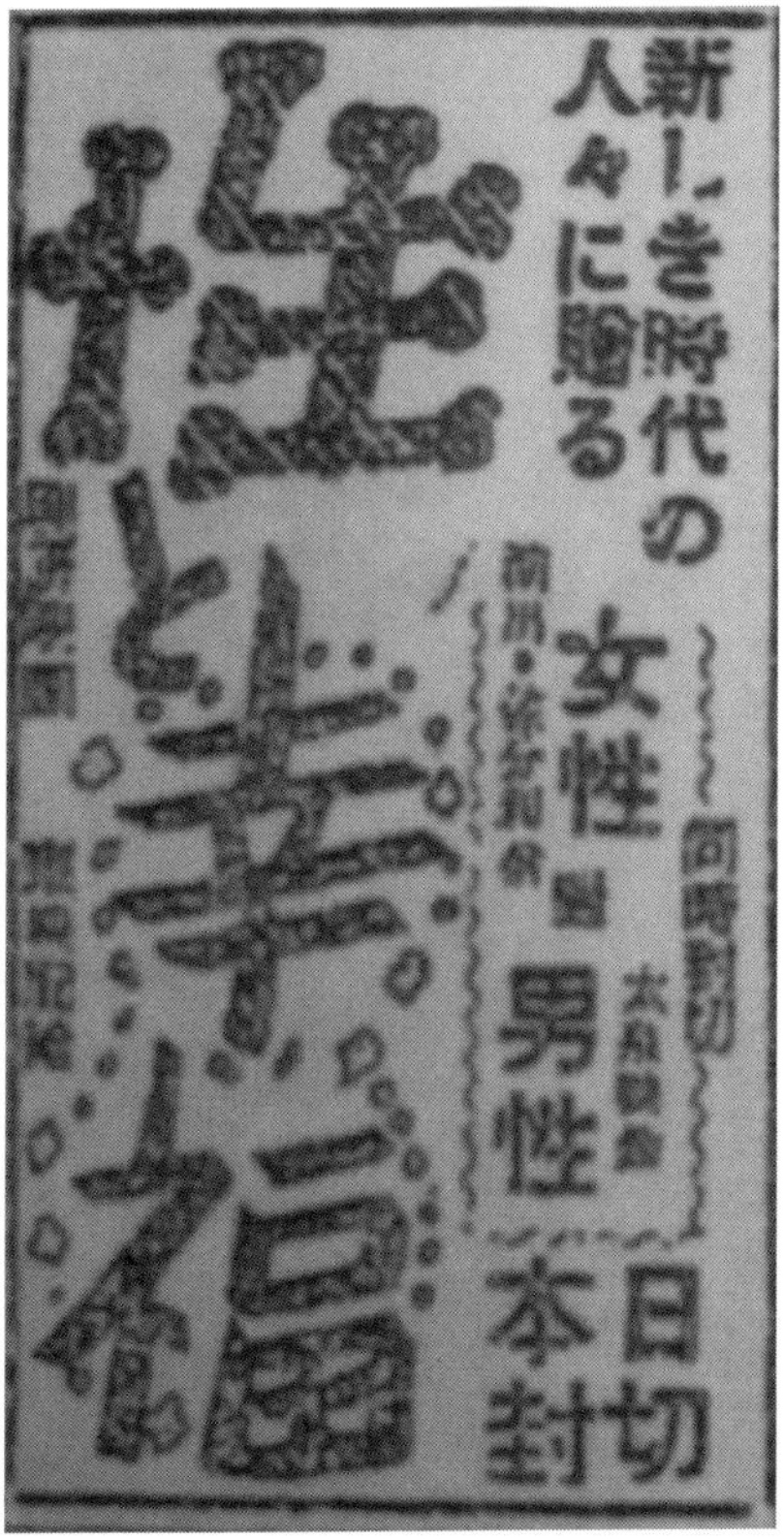

岩堀喜久男『性と幸福 (50)』 音楽・團伊玖磨。朝日新聞広告

『流転の愛欲（65）』に起用されたのは、日本大学藝術学部の先輩後輩という繋がりからか。第2回日本レコード大賞で橋幸夫が新人賞を獲った「潮来笠」第14回レコ大で森昌子が新人賞を獲った「せんせい」など歌謡曲の編曲を数多く手がけた只野は第25回松尾芸能賞で特別賞を、第57回日本レコード大賞では特別功労賞を受賞している。

遠藤実（1932〜2008）は東京府南葛飾郡吾嬬町（現：東京都墨田区立花）生まれで、日東紡績内野工場の工員を経て門付け芸人になるが17歳の時に上京し、様々な職を経験したのちに流しの演歌師に。藤島桓夫「破れソフトのギター流し」で作曲家としてデビューし、島倉千代子「からたち日記」五月みどり「おひまなら来てね」舟木一夫「高校三年生」山本リンダ「こまっちゃうナ（作詞も）」渡哲也「くちなしの花」千昌夫「北国の春」渥美二郎「夢追い酒」杉良太郎「君は人のために死ねるか」など生涯で5000曲以上を作曲したと言われているが、南雲孝（＝新藤孝衛）『幼な妻　初夜のよろこび（72）』のベッドシーンでは、只野通泰の項でもふれた森昌子「せんせい（作詞：阿久悠／作曲：遠藤実）」が延々と流れるらしい。なお、自叙伝「太陽も笑っている（66刊）」〈太平出版〉が鷹森立一「太陽に突っ走れ（66）」として映画化もされた遠藤だが、日本演歌大賞（79）紫綬褒章（90）勲三等旭日中綬章（02）旭日重光章（08）国民栄誉賞（09）など受賞&受章も多く、2003年には歌謡界から初めて文化功労者に列せられた。

團《だん》伊《い》玖《く》磨《ま》（1924〜2001）は東京府豊多摩郡原宿村（現：東京都渋谷区）生まれで東京音楽学校作曲科を卒業し、交響曲／合唱曲／管弦楽曲／行進曲／木下順二の戯曲による「夕鶴」武田泰淳の原作による「ひかりごけ」などのオペラ／童謡「ぞうさん」「やぎさんゆうびん」／ラジオ体操第2など様々なジャンルでの仕事があり、豊田四郎「夫婦善哉（55）」松林宗恵「世界大戦争（61）」山田洋次「馬鹿が戦車《タンク》でやって来る（64／原作も）」

など手がけた映画音楽も数多いが、岩堀喜久男が監督した短編の性教育映画『性と幸福（50）』の音楽も担当。「パイプのけむり」シリーズなどのエッセイストとしての顔もある團だが、毎日音楽賞（52）伊庭歌劇賞（52）山田耕筰作曲賞（52）ブルーリボン賞・音楽賞（57）日本芸術院賞（65）読売文学賞（67）芸術選奨文部大臣賞（72）などを受賞しており、1999年には文化功労者に列せられた。

菊池章子（1924～2002）は東京府東京市下谷区（現：東京都台東区）生まれで、1937年コロムビアの専属歌手となるが、翌年に吹き込んだ「曖曖曖《あいあいあい》」「南京花言葉」といった曲が検閲に引っ掛かって続けざまに発売禁止の憂き目にあい、1939年の「お嫁に行くなら」で正式にレコードデビュー。その後、霧島昇とのデュエット曲「相呼ぶ唄（野村浩将「愛の暴風」の主題歌）」や「湖畔の乙女（中村登「湖畔の別れ」の主題歌）」などがヒットし流行歌手となった菊池は、東洋音楽学校（現：東京音楽大学）へ籍を置くも仕事で多忙のため中退。1946年テイチクに移籍し、当初は諸事情で宣伝を自粛せざるを得ず売り上げが伸び悩んでいた「星の流れに」はマキノ正博&小崎政房が監督した「肉体の門（48）」で挿入歌として使われた影響などもあり大ヒットを記録。1961年には第1回NHK紅白歌合戦に出場しているが、朝日映画株式会社が製作し石山稔が監督した『売春地帯　ある売娼婦の手記より（53）』というピンク映画の先駆をなすと思われる作品の主題歌「私の明日を教えてよ」を唄っている。作詞は萩原四郎〈四朗〉（1906～1993）で、島田磬也の項でもふれたマキノ正博の傑作オペレッタ「鴛鴦歌合戦（39）」の音楽などを手がけ1948年に菊池と結婚（1956年に離婚）した大久保徳二郎（1908～1974）が作曲&編曲を担当。なお『売春地帯』の正確な公開年は不明だが「昭和流行歌総覧（戦後編）」〈柘植書房新社〉を紐解くと1953年6月に「私の明日を教えてよ」のSPレコードC盤がテイチクから発売されており、同年あたりだと考えられる。他にも「母紅梅の唄」「春の舞妓」「岸壁の母」などのヒット曲がある菊池は1978年に第20回日本レコード大賞で特別表彰を受け、2000年には勲四等瑞宝章を受章。ちなみに神戸映画資料館で発見されフィルムセンター（現：国立映画アーカイブ）の【発掘された映画たち2008】でも上映された『煉獄に咲く花』は『売春地帯～』の改題版であり、『赤線地帯　ある売娼婦の手記より』のタイトルでのポスターや新聞広告も存在している。

吉野達彌（1925～）は西原儀一の『炎の女（66）』などピンク映画の劇伴を20本ほど、それ以前は日米映画&NTV製作の「野獣群（58）」など旧・新東宝配給作品の音楽を手がけ、中原美沙緒や大津美子にも曲を提供。

石山稔『売春地帯　ある売娼婦の手記より (53)』
歌・菊池章子

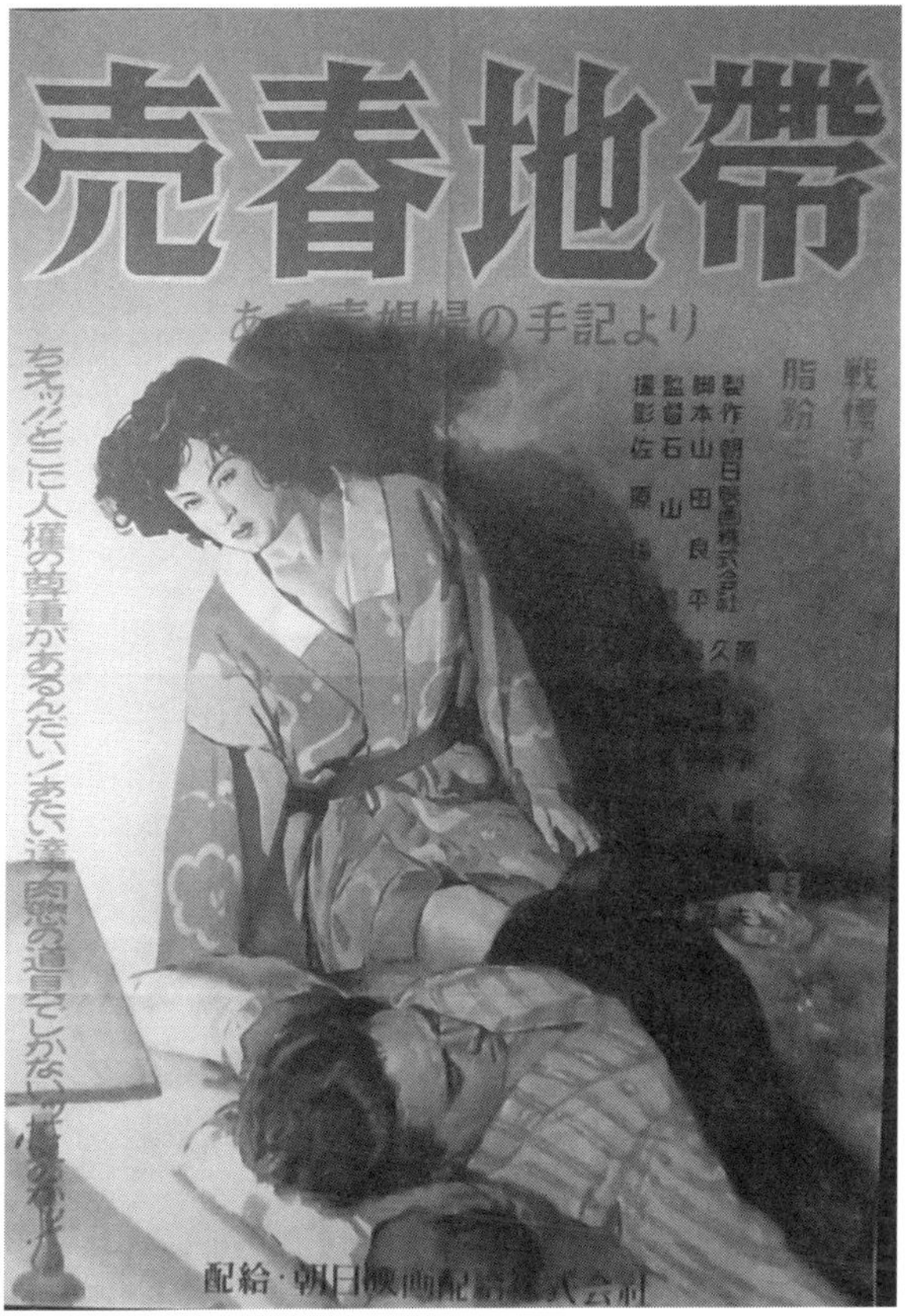

『赤線地帯　ある売娼婦の手記より』新聞広告

なお吉野が企画に携わっている「女心の唄」はピンク映画を何本か手がけた《東京放映》が製作した一般作品で、ポスターにはバーブ佐竹（主題歌も歌唱）／内田良平／北林早苗／岩井半四郎らの名前が。監督を担当した浅野辰雄のWikipediaを見ると「女心の唄」は１９６５年8月公開とあるものの新聞や雑誌記事などで具体的な公開日を見つけられておらず、本当に劇場公開されたかは不明。なお、ふじ山むさしのブログによると〝作曲家（吉野）９０歳＋歌手（ふじ山）70歳〟という１６０歳コンビがＣＤデビューを目指す演歌プロジェクトを２０１５年4月にスタートさせ、9月19日には「生きて恋して輝いて／ああ赤瀬川」を、２０１６年3月31日には「大和なでしこ／日本の夜明け」をリリース。

植村亨《とおる》（1926or27〜2000）は吉永小百合が主演した日活作品「こんにちは20才（64）」の挿入歌「若い日は二度とない」や、坂本九「少女（編曲は後述の小林郁夫）」松山恵子「おけさ恋唄」などの作曲を手がけ、南部泰三『女体難破船（64）』の音楽も担当。月森功（＝小林悟）『めかけ芸者（65）』などの劇伴を手がけた〝植村亨〟も同一人物（誤字？）だろう。南部の『赤い牝猫（64）』の主題歌「やさしく殺して（作詞：南部泰三）」「赤い牝猫（作詞：鈴木善四郎）」『殺《やら》れた女（64）』の主題歌「君代の歌（作詞：泉百合亜／唄：松沢友子）」などの作曲も植村だが、『ただれた愛欲（65）』の主題歌「おちょろ船の女（作詞：泉百合亜／唄：山口るみ子）」「虚空の愛欲（作詞：泉百合亜／唄：長谷由美・西村裕子）」の作曲を手がけた〝津村淳〟も植村の変名かも。なお、松沢／山口／長谷／西村らの経歴は不明。ちなみに、流しの演歌師から年商50億円の会社社長になった早川大介の自伝「孤独の太陽〜負けてたまるか！崖っぷちから這い上がった男の一代記（03・2・15刊）」〈文芸社〉によると、早川が参加したのど自慢大会1967年5月の審査委員長をしていたのが、そのころ高崎で歌謡教室（音楽教室）を開いていた植村らしい。

生明《あざみ》慶二（1928〜2018）は神奈川県生まれで、ジャズベーシストやヴィブラフォン奏者として活躍する以外に西原儀一『激情のハイウェー（65）』若松孝二『血は太陽より赤い（66）』『《医学カード》より お電話頂戴（66）』などの映画音楽を担当。藤純子が唄う「緋牡丹博徒」の編曲（〝薊けいじ〟名義）を手がけたり、久保田早紀「異邦人」など演奏で関わった曲も数多く、世界有数のダルシマー奏者として《日本打弦楽器協会》の会長もつとめ、天知茂主演のテレビドラマ「非情のライセンス（73〜77／80放送）」のオープニングテーマ（作曲：渡辺岳夫）の中でも印象的なダルシマー演奏を披露。なお、西原の『真昼の暴行魔（79）』で芝田役を演じた赤出《あかいで》川《がわ》浩道（1950〜）は東京都出身で埼玉県立浦和商業高等学校を卒業し、西原の『看護婦 秘密（80）』中山節夫「ブリキの勲章（81）」などの映画や、「爆走！ドーベルマン刑事／第2話：飛べ！警察犬アレックス（80・4・14放送）」「太陽にほえろ！／第408回：スコッチ誘拐80・5・30放送）」「仮面ライダースーパー1／第34話：マサルがひろった魔法の赤ランプ（81・6・27放送）」といったテレビドラマに出演。

小杉仁三《じんぞう》（1928〜2009）は西河克己「俺の故郷は大西部《ウエスタン》（60）」で主人公〝ジョージ・三原〟役の和田浩治が唄う同名主題歌や、第11回日本レコード大賞で大衆賞を受賞した水前寺清子「三百六十五歩のマーチ」などの編曲家だが、もし向井寛『砂利の女（65）』の音楽担当〝小杉仁〟と同一人物であれば、『砂利〜』に出ている深沢政雄（＝マーちゃん）がミニラのスーツアクターとして参加した「ゴジラ・ミニラ・ガバラオール怪獣大進撃（69）」の主題歌「怪獣マーチ」の編曲も手がけた…という巡り合わせに。

松村禎三《ていぞう》（1929〜2007）は京都府京都市出身で、旧制第三高等学校理科を卒業し、伊福部昭や池内友次郎に師事。交響曲やピアノ曲を作曲する以外に熊井啓「忍ぶ川（72）」黒木和雄「竜馬暗殺（74）」などの映画音楽を手がけ、中川信夫「女吸血鬼（59）」曲谷守平「九十九本目の生娘（59）」などでは〝井内久〟名義で音楽を担当。山田洋次「ダウンタウンヒーローズ（88）」熊井の「千利休 本覺坊遺文（89）」黒木の「浪人街（90）」山田の「息子（91）」などでの仕事により日本アカデミー賞優秀音楽賞を第12〜15回の4年連続で獲得し、他にも尾高賞（68／78）サントリー音楽賞（78）勲四等旭日小綬章（00）などを受賞&受章しているが、純潔映画研究会が製作&旧・新東宝が配給し木元健太と小林悟が共同監督した成人映画『続 性と人間（61）』に音楽担当としてクレジットされた井内久も松村か？

柳澤剛《つよし》（1929〜1989）は長野県出身で日本大学藝術学部を卒業し、貴島清彦に師事。第26回日本音楽コンクールの作曲部門（室内楽曲）で第1位になった作曲家だが、若松孝二の初監督作『甘い罠（63）』宮口圭『女肌《めはだ》のにおい（65）』などの音楽を、その後は《みんなのうた》で本田路津子が唄った「小犬のプルー」の作曲やNHKの連続テレビ小説「繭子ひとり（71〜72放送）」NHKの人形劇「真田十勇士（75〜77放送）」などの音楽を担当。なお、若松の『赤い犯行（64）』『逆情（64）』『太陽のヘソ（65）』といった初期作品で撮影助手をつとめた浜野誠之《せいし》（1936〜）は茨城県出身で拓殖大学を中退し富士映画撮影所（後の大蔵映画）に入社。山本晋也『肉体女優日記（65）』などの撮影助手を経て、藤田尚『番頭お色け日記（66）』東元（＝梅沢）薫『異常な交渉（67／〝浜野誠〟名義）』図師巌『セックス色極道（71／〝浜誠〟名義）』網野鉦一「メコンの詩（73／鈴木史郎と共同）」などで撮影を手がけ、台湾映画「新・龍風車（68）」インドネシア映画「別れの入場券（72）」「さよなら私の愛（72）」や「味の素」「新潮社」などのCM撮影も。

湯浅譲二（1929〜）は福島県郡山市出身で、慶應義塾大学医学部の教養課程を中退して音楽の道を選び、武満徹らもメンバーだった瀧口修造主宰の総合芸術グループ《実験工房》にも参加。電子音楽／室内楽／雅楽／合唱曲／童謡など幅広いジャンルを手がけている現代音楽の作曲家だが、大島渚「悦楽（65）」松本俊夫「薔薇の葬列（69）」伊丹十三「お葬式（84）」や、第23回日本アカデミー賞の優秀音楽賞を受賞した篠田正浩「梟の城（99）」

などの他に、武智鉄二『黒い雪（65）』の音楽を手がけ、野澤松之輔の項でふれたように『幻日』の作曲も担当し、尾高賞（72／87／97／03）サントリー音楽賞（96）紫綬褒章（97）旭日小綬章（07）など受賞&受章も多い。ちなみに『幻日』の劇中で柴田恒子が唄う「日が出るでしょう～♪」といった歌詞は原作である夏目漱石の「夢十夜」第一夜からの引用だが、『幻日』で撮影助手をつとめた花田三史は三村晴彦「彩り河（84）」山田洋次「男はつらいよ 寅次郎の告白（91／高羽哲夫と共同）」本木克英「ドラッグストア・ガール（04）」などで撮影を手がけている。

八木正生《まさお》（1932～1991）は青山学院高等学校卒のジャズピアニスト&作曲家で、テレビアニメ「あしたのジョー（70～71放送）」の尾藤イサオが唄うオープニングテーマ（作詞：寺山修司）や「ダバダ～♪」という伊集《いしゅう》加代子（現：伊集加代）のスキャットでおなじみのCMソング「目覚め～ネスカフェ・ゴールドブレンドのテーマ」そして1981年4月から1996年3月まで流れていた「ゴールデン洋画劇場」のオープニングテーマ（2代目）などを作曲したことでも知られているが、石井輝男「網走番外地（65）」「江戸川乱歩全集 恐怖奇形人間（69）」降旗康男「非行少女ヨーコ（66）」内藤誠「番格ロック（73）」など東映作品を中心に映画音楽も手がけ、先に挙げた『黒い雪（湯浅譲二と共同）』やユニコン・フィルムが製作し松竹が配給した若松孝二の成人映画『金瓶梅（68）』などの音楽も担当し、『幻日』の演奏にも参加。余談だが、サザンオールスターズの4thアルバム「ステレオ太陽族（81・7・21発売）ビクター」に収録された「ラッパとおじさん（Dear M.Y's Boogie）」の歌詞には、同曲の管弦アレンジを手がけるなど1980～85年のあいだサザンの楽曲にアレンジャーとして参加していた八木が"Mr.Yagi"として登場。また9thアルバム「Southern All Stars（90.1.13発売）」の1998年に再発された初回限定版CDには、山本晋也によるライナーノーツが封入された。

齋藤恒夫（1930～1990）は西原儀一『乱れた関係（67）』『初夜が憎い（68）』などの音楽を担当。その後は第22回日本レコード大賞で松村和子が新人賞を獲った「帰ってこいよ」五木ひろしの第26回レコ大大賞曲「長良川艶歌」などの編曲を手がけ、2009年には編曲家として「大衆音楽の殿堂」入りを果たす。なお『初夜が憎い』の主題歌「渚の女」は作詞：西原儀一&作曲：齋藤恒夫で、主演女優である香取環（1938～2015）が歌唱。ちなみにチェリッシュ「てんとう虫のサンバ」の作曲家で、森進一の第16回レコ大大賞曲「襟裳岬」細川たかしの第24回レコ大大賞曲「北酒場」などのアレンジャーでもある馬飼《まかい》野《の》俊一は齋藤に師事している。

山下毅雄《たけお》（1930～2005）

西原儀一『炎の女 (66)』 音楽・吉野達彌。アップ＆下の女は、ともに香取環

は慶應義塾大学経済学部在学中に作曲を始め、テレビドラマ「七人の刑事（61～69放送）」の主題歌で第4回日本レコード大賞の新人作曲賞を受賞。その他にも「ジャイアントロボ（67～68放送）」「プレイガール（69～74放送）」「ルパン三世（71～72放送）」「霊感ヤマカン第六感（74～84放送）」といったドラマ／アニメ／クイズ番組など膨大な楽曲を手がけ、東郷健が自ら作詞も手がけた〝とうごうけん〟名義でのシングル「好きなんや／ツブシタレ（72発売）」〈てんぐレコード〉の作曲や、井出昭が監督した成人指定のモンド映画『世界猟奇大全集〈別題：世界悶絶大全集〉（72）』の音楽なども担当。なお『世界～』の撮影を井出／大須賀武／荏原宗らと共に手がけた塩田繁太郎（１９１４or１５～１９９９）は特撮ドラマ「アラーの使者（60放送）」や山崎福次郎『快楽の報酬 悪魔（64）』扇町京子『やくざ芸者（65）』東元（＝梅沢薫）『素肌の罠（67）』などのピンク映画、そして井出の『地球を喰う（66／荏原宗らと共同）』『断絶の世界（69

／大須賀武らと共同）」といったモンド映画の照明も担当し、藤村有弘（1934～1982）が『世界～』の解説を。また『悪魔～』の照明・桑名平治〈平次〉は金井勝「時が乱吹く（91）」の照明も手がけ、金井の「王国（73）」への出演も。

宍《しし》戸《ど》睦郎《むつお》（1929～2007）は東京藝術大学で池内友次郎に師事し、留学先のパリ音楽院ではオリヴィエ・メシアンに楽曲分析（アナリーゼ）を、アンドレ・ジョリヴェに作曲を学んでいるが、成人指定は無いものの香港のサンパンガール（小舟の売春婦）／アムステルダムの飾り窓の女／台湾の裸芸者など性風俗も取り上げている井出昭監督のモンド映画『地球を喰う（66）』の音楽をヨリ寺部と共に担当し、1998年には交響曲／鍵盤のための組曲／合唱組曲「奥鬼怒伝承」を収録したCDアルバム「宍戸睦郎作品集」を発売。なお、美智子皇后（現：上皇后美智子）が大ファンだった事でも有名なピアニストの田中希代子と1956年に結婚（1960年に離婚）している宍戸だが、森正の指揮&田中のピアノ&ビューネン・グルッペ（東京ロイヤルフィルハーモニックの前身）の演奏による宍戸作曲の第15回文化庁芸術祭奨励賞受賞作品「ピアノと打楽器群と管弦楽のためのピアノ協奏曲」が、非売品の2枚組LP「ニッポン放送開局10周年記念アルバム」に収録された。

ヨリ寺部〈寺部頼幸〉（1920～1972）は立教大学在学中に学友の安藤翔一が始めた「ココナッツ・アイランダーズ」に加わり、1941年には弟の寺部震（関東大震災の日に誕生）と共にバッキー白片のバンドに参加し、1946年に震たちと再結成した「ココナッツ・アイランダーズ」などで活躍したスティールギター奏者で、中平康「狂った果実（56）」で滝島夏久（石原裕次郎）が平沢フランク（岡田眞澄）のヴィラでウクレレを弾きながら唄う「想い出」を作曲したり、ハワイアン&ラテンのバンド「トリオ・エスメラルダ」でも活動し、先に挙げた『地球を喰う』の音楽も担当。晩年は〝丘田湖動〟名義で作曲をしていたらしく、宮城千賀子が唄った「一人酒」の作曲は丘田で、編曲は先に挙げた只野通泰。ちなみに石原慎太郎が作詞を、寺部が作曲&編曲を手がけた石原裕次郎の「リコール・ツー・マイ・メモリー（追憶）」という曲は沢たまき「パンパラム」とのカップリング（A面が沢）によるシングルとしてリリースされ、10インチミニアルバム「裕ちゃんと貴女の部屋」（構成：大高ひさを）にも同曲が収録された。

林《はやし》光《ひかる》（1931～2012）は東京藝術大学作曲科中退。交響曲／オペラ／現代音楽などの作曲を手がけ、他にも新藤兼人／大島渚／山本薩夫／増村保造などの映画音楽や六本木族の生態を描いた山際永三監督の成人映画『狂熱の果て（61）』で音楽を担当。新藤兼人「北斎漫画（81）」神山征二郎

西原儀一『激情のハイウェー (65)』。音楽・生明慶二

「日本フィルハーモニー物語 炎の第五楽章（81）」での仕事により第5回日本アカデミー賞優秀音楽賞を、他にも尾高賞（55／96）サントリー音楽賞（98）紫綬褒章（96）などを受賞＆受章している。

萩原秀樹（?～2004）は、「スーダラ節」「ハイそれまでよ」などハナ肇とクレージーキャッツの楽曲や「エイトマンの唄」の作曲家として知られている萩原哲晶《ひろあき》（1925～1984）の弟でもあるジャズピアニスト＆作曲家・編曲家で、先に挙げた『狂熱の果て』の音楽を林光と共に担当。

また、大和アメリカン・スクール卒の日系二世の同級生を中心に結成された「ザ・ハーフ・ブリード」というソフト・ロック系GSグループのデビュー曲「不思議な夢」の作曲も手がけ、藤田敏八「八月の濡れた砂（71）」の劇中でもザ・ハーフ・ブリードが同曲を演奏。また、中川好久のロマンポルノ作品『むちむちネオン街 私たべごろ（79）』の音楽や、内山田洋とクールファイブ「新潟の女《ひと》」の編曲なども。ちなみに「春さんのレアトラ、ニセトラ、レアイージーリスニング三昧」というブログによると、バークレーから発売された「本命盤 大地震／ザ・ヤ

クザ」「本命盤 ドラゴン怒りの鉄拳／エクソシスト」「本命盤 エアポート'75／エマニエル夫人」といった映画音楽のカヴァーシングルで演奏しているモーリス・ローラン・オーケストラは実在せず、萩原秀樹の変名による日本の覆面楽団らしい。

藤木孝（1940〜）は静岡県富士宮市出身で、東宝芸能学校卒業後の1959年に渡辺プロダクションと契約し「ツイストNo.1」「24000のキッス」などのヒット曲を放った歌手だが、本格的に演技を学ぼうと文学座の研究生となり《劇団欅《けやき》》の結成にも参加。篠田正浩「涙を、獅子のたて髪に（62／サブ役で主演）」石井輝男「明治大正昭和 猟奇女犯罪史（69／渋谷役）」といった映画に出たり、第12回菊田一夫演劇賞や第38回紀伊國屋演劇賞個人賞を受賞するなど俳優としても活躍しているが、陽二役を演じた『狂熱の果て』ではトランペットで「君が代」をアレンジして演奏。ただ、2019年に《シネマヴェーラ渋谷》で『狂熱の果て』が発掘上映されトークショーがあったときの打ち上げの席で下村健氏が藤木本人に聞いた話によると、ジャズ・トランペッターの日野皓正《てるまさ》（1942〜）が事前に演奏したものを録音し、それに合わせて演技をしたようだ。

沢村みつ子〈美司子〉（1941〜2008）は沖縄県生まれで、7歳にして米軍キャンプのステージに立つ。1954年にコロムビア全国歌謡コンクール沖縄大会で優勝し「ひとりぼっちじゃつまらない」でレコードデビューした沢村は〝天才少女歌手〟と呼ばれ、NHK紅白歌合戦に対抗するような形でラジオ東京テレビ（現：TBSテレビ）で1955年と1956年の大晦日に放送された「オールスター歌合戦」に紅白を出場辞退した美空ひばりらと共に連続出場。また、ロイ・ガーランド「ラスヴェガスで逢いましょう（Viva Las Vegas／55）」ダニエル・マン「八月十五夜の茶屋（The Teahouse of the August Moon／56）」齋藤武市「波止場の無法者（59／原ハルミ役）」といった映画や、米国CBSテレビの番組「ジュディ・ガーランド・ショー（The Judy Garland Show／63〜64放送）」などにも出演。『狂熱の果て』ではユリ役を演じ、劇中で唄っているが曲目は不明。なお、亡くなった2008年には「澤村美司子音楽賞」が創設された。

（ひがしや・としき）

【52号の訂正】

117ページ→原千秋の項で「（現：東京都新宿区若松町生まれ」の「町」と「生まれ」のあいだの「）」が抜けている。正しくは「（現：東京都新宿区若松町）生まれ」

119ページ→高橋半の項で「（現：東京都生まれ」の「都」と「生まれ」のあいだの「）」が抜けている。正しくは「（現：東京都）生まれ」

122ページ→小林蔵雄の項で「東史郎（＝島久）」となっているが実際は「寺島久」で「寺」が抜けている。

大正から昭和へ
映画論壇の行方

武田鐵太郎

「映畫と演藝」が大正十四年（一九二五）7月号から連載を始めた「映畫批評家列傳」は、第一回「橘高廣」、第二回「森岩雄」、第三回「東健而」と続いたが、映画批評家の枠にはまる人材はこのあたりでそろそろ種切れになったようである。飯島正など二十世紀生れの若手はまだ無理だし、時期尚早の企画ではあった。第四回は「北澤秀一」（筆者、近藤経一）、第五回「仲木貞一」（橘高廣）、第六回「田口櫻村」（人見直善）で打ち切りとなったが、各筆者は映画批評家としての紹介に苦労している。橘高廣の「仲木貞一」から抜粋する。「劇評もやれば、澤正のためには脚本供給」「新聞記者生活をやったことがあり、映畫評論家としても大にやられる、かと思ふと撮影監督の実際方面で活躍したり、日本大学に行っては、映畫講座の講師として映畫劇の解説」「毎火曜日には文部省に出て推薦映畫の審査をやる」「時々芝増上寺に出張して文藝講座の講師として熱辮を揮ふ」。芝居王国の人が映畫の世界へ来られて何等不都合はないのだが、「人間と云うものはお互いに妙なもので、文壇人、演劇人が、ヘンに干渉がましい事を言うと、映畫人は何とか言って見たくなるものである。時に見當外れの事や、無価値なものに折紙をつけたりするものだから、元気のいい映畫人は騒がずには居られなくなる。映畫藝術がヤングなら、映畫人も血の気が多い」。「住み心地がよかったら、芝居なぞへ帰らずと、映畫人になりきってお仕舞ひなさい」。

田口櫻村は映画の仕事はしているが批評家としての実績はほとんど無い。北澤秀一には映画批評家の面もあるが、映画といっても主力は別分野にあったようである。「映畫と演藝」昭和二年10月号に訃報が出ている。「元日活宣傳部長として、フランス名畫の輸入公開に忘れ得ざる下山商會の顧問として、『良い映畫をほめる會』の創立委員として、日本映畫クラブの創設者として、又、映畫のための筆の人として、功労極めて多かりし北澤秀一氏は九月二十五日忽然と逝った」。

北澤については、彼がフランスのアルバトロス社へ送

北澤秀一

るインフォメーションを「映畫と演藝」（大正十四年3月号）に公表しているので抜粋して紹介する。「御承知の如く日本に於ける外國映畫は米國もの全盛でありますが、其処へつけ込んで米國の會社は無闇に高い映畫代を取るので、経営者は何れも四苦八苦です。……映畫に對するファンの熱だけは素晴らしいものでありますから、貴社の為にもやがて良い市場となるに違ひありません」。「さて、貴社の『キーン』『戀の凱歌』及び『巴里夜話』の三本は批評家が褒めてくれたので、各方面に強い反響を起しました。中でも『キーン』が評判で、之は日本で一番大きな映畫會社『日活』で封切して呉れる事になりました」。現時点で、欧州映画は興行価値を持たない。それは従来日本に来たものがあまり面白くなかった事が主因であり、同時に馴染がないからでもある。然し、日本の高級ファンは何れも浅薄な米国映画に飽きて来ている。「此機会を利用して仏蘭西映畫の長所を宣傳し、優れた映畫を見せたら、近いうちに立派な地歩を日本の映畫界に占めるに違ひありません」。しかし、北澤の意気込みにもかかわらず、その後の経過をみると、例えば「キネマ旬報」の統計では、昭和四年度の外国映画封切数は米国物312本、欧洲物42本、昭和六年度は米

国物211本、欧洲物40本（独逸20、仏蘭西9、他）で、洋画市場は依然としてアメリカ映画の圧倒的優勢が続いている。

事実、「キーン」は本邦公開当時大きな評判を呼んだ。「映畫と演藝」も大正十三年12月号、更に翌年1月号、それぞれのパートで称賛のコメントを並べている。「特に酒場の爛酔亂舞の心的描写で用ひたカットバックの手法は驚嘆すべきもので、カメラの急転左右動と回転数減少を巧みに利用して技巧の粋を示してゐる（無記名だが星野辰男）」。「映畫界の驚異である。その未だかって何人も想像し得なかった新しく真摯な表現法は正しく映畫界に警鐘を亂打するもの（内田岐三雄）」。製作の現場にも影響を与え、模倣作も出たようである。この興奮ぶりは、リアルタイムでその時代を生きていた者でないと理解できないかもしれない。この技法のオリジナルともいうべき「鐵路の白薔薇」はこの時点で本邦未公開であった。

田口櫻村

「救いを求める人々」にも同様な事が言えそうで、貧しい人々の生活を描いたという内容への共感の他に、しかも低予算でというのが好評に拍車をかけた。田中榮三の紹介を抜粋する。

「（彼女は）長椅子から起き上って静かに鏡の前に行った」。鏡に映つたその顔は青白く生気もなかった。「彼女は自分の顔を凝然と見詰めたまゝ、何時までも黙って立ってゐた。やがて彼女は口の中からチウインガムを取り出して鏡の縁にこびり付けた。そして一本のマッチを擦った」。目の前の小さな焔をフッと吹き消すと、燃えさしのマッチの棒で「彼女は眉毛をつくった。ショールを肩に掛直した。ドアをあけて廊下に出た」。物音を聞いて、宿の女将が出て来る。差し出された紅を一差しする。沈黙の廊下、階段、出口、彼女の足取りは重い。彼女は街の一角へ出て行く。「私はこのプロットのない映畫、ヤマのない映畫の中で、この條を一番に推賞して置きたい」。「（スタンバーグは）詩人である。彼は路傍に横たはつてゐる詰まらぬ事象の中から無限の詩を感」じ、その詩をカメラで描いて行く（「映畫と演藝」大正十四年8月号）。

映画が景況と見て取ると世間も変るようで、且つて「讀者といふものにも随分種類がある。もっとも低級なものは活動写真みたいなものを好む」と書いて居た文壇人の中にも、口を出し、手を出す人種が現われる。今まで鼻汁も引っかけなかったのに何を今更といきまく映画畑の人も少なくなかったが、文壇人といっても様々だろう。川端康成の文を引用する（「映畫と演藝」昭和三年9月号）。依頼は俳優の「色・顔・腹」だが、「剣劇俳優の顔」と題して。「死んだ尾上松之助の顔、少々やぶにらみの、大きいが凄みも色気もない眼玉、穴の見える獅子鼻、潤ひのない廣い額―どう見たって美男ではない、がしかし彼は一個の武者人形であった。一挙手一投足も上下着けた武者人形の不器用な律気さであり、泣いても笑っても、古びた和本の武士道道徳書そのままの表情であった。武士道の表道、だから時代物の本道を、あの醜い顔が歩けたのである」。「今日松之助の武士らしい武士としての遺鉢を幾分繼ぐ者は河部五郎であらうか。銅像じみた大きい顔、太い猪首、固い動作、廣い圖體、彼はそれを田舎武士らしい生真面目な表情で救ってゐる」。「剣戟の場合に殺気を漂はせるのは、結局俳優の神経の働きにあるらしいのは、妻三郎、傳次郎、月形陽侯なぞを見て分る。傳次郎のしなびた眼瞼に窪んだ深い眼、固く結ぶ唇、それにあの高い頬骨があって、彼の顔は生きるのである」。「妻三郎は剣も顔も際立ってゐる。天恵の天才。そして、月形陽侯などと共に、性格としては武士道の裏道を行き、呪はしい運命をも現す複雑さも持ってゐる」。「市川右太衛門の顔は太り過ぎて来て少し崩れたが、白輪の花が揺れるやうに、いかにも朗らかな柔らかさがある。右太衛門の柔らかさを小さくし、美しい匂ひを夢見るやうに美しいのが、林長二郎の顔。市川百々之助は（美男だが）まだ唇が気になる」。

「雪崩込んで来た」（酒井眞人）のは文壇人だけではないようで、同じ昭和三年9月号に近藤經一が書いている。これまで「日本の映畫界の人は、實際家も、批評家も、皆、あまりに仲がよすぎた」。仲がいいのは結構だが、それが度を越して長い間妥協と惰眠の夢をむさぼってきた。そこへ最近「勇敢なるプロレタリア映畫論と、その論者が現はれて来た」。その努力は未だ實際方面には及ばな

『映画と演藝』大正 14 年 12 月号

いが、「言論的方面に就いては、至る所に華々しい火花を散らし始めた」。その是非は措いて、彼等が「此の退屈なる無風地帯―わが日本の映畫界に出て来たことを祝したい」。

ほぼ同じ頃、「映畫評論」（昭和三年6月号）に掲載された武田忠哉の「研究」の一部を抜粋する。「私は従来、例へば」「映畫世界」4月号や「プロレタリア映畫」創刊号で、「来るべきプロレタリア映畫時代を、決定的な期待によって望み見たのであった」。「私は今まで主として『キネマ旬報』誌上に発表して来た幾つかの映畫批評家への冷笑によって、プテイ・ブルジュアとインテリゲンチヤを、事毎に糾弾するやうに努力して来た。然も、依然として、彼等は猖獗である、私は此の方面の破壊的な運動―理論的及び實際的の二つの立場から―を、日本プロレタリア映畫聯盟の諸氏に委ね」云々。けんか腰に近い口調である。

「日本映画発達史」によれば、「昭和初年の大量失業と生活不安に端を発した左翼運動が、映画の世界にも果敢におこなわれたが、その代表的な団体としてプロキノ（日本プロレタリア映画同盟）がある。委員長岩崎昶をはじめとして、佐々元十、中島信、北川鉄夫……らがおり、昭和三年末に、ナップから映画部門を独立して構成された。設立当時は映画雑誌に左翼評論を寄稿したり」、「昭和四年九月には、機関雑誌『新興映画』（今東光、村山知義、岩崎昶）を発行し、昭和五年二月には、映画批評家協会を組織して、映画ジャーナリズムの左翼化を図った」。「映画批評家協会は、その組織方法に左翼思想的な傾向があるのは好ましくない、という一部会員の反対があり、間もなく解散した」とあるが、その反対と解散を主導したと思われる田中三郎が、「キネマ旬報」（昭和五年9月号）に書いている。

「今年の二月に創立され七月には早くも解散された映畫批評家協会は、誰もが見る通り、左翼批評家が不用意な計劃を以て設立し其他の者が不用意な觀察を以て加盟したこと」それだけが原因の失敗であった。映画ジャーナリストとしての私が「映畫文筆業者界を見渡したところ、判然と右翼を標榜した者は勿論、それらしい意志を表明した者をすら私は未だ知らない」。「顧みて私は有能なる幾多の左翼映畫批評家が永らくノレンに腕押し乃至獨り角力めいた徒事に貴重なる精力を費してゐた事實に想到して、同情を寄せずにはゐられない」。「プロレタリアート映畫論陣を布いて以来短日月にして既に論壇方面の敵を遺憾なきまでに壊滅し彼等の陣営凱歌あがる、直ちに転じて映畫製作配給の戦野にその主力を動員す」と、進歩的自由主義を奉ずるジャーナリストなら報ずべきであったか？（勝ち負けしかない）「野球じゃあるめいし」と啖呵を切りかけてそれを呑みこみ、私はどちらでもない、「左右両翼に對抗して行く」と「宣言」している。

「日本映画発達史」に戻る。「その後のプロキノはもっぱら16ミリ映画の製作活動に移行し」、「また、『プロレタリア映画』が発刊され、岸松雄、池田寿夫……らも筆陣を振ったが、製作活動とともに、検察当局の絶え間ない弾圧のため、何れもその継続には困難を極め、昭和六年九月の満州事変後は、まったく表面的活動を絶った」。

「映画評論」昭和九年2月号は特輯・映畫批評家列傳として59人の批評家及び研究家を取り上げ、出生地、現住所、学歴、職歴、現所属と是原須三の短評を付している。岩崎昶の項を抜粋すると、「嘗つてはプロキノのコワイおぢさんであったが世が転向時代に推移すると共に、サラリとすてたプロ意識、次に得たメシのタネはナチス映畫。結局左翼も右翼も紙一重だとすれば無理もなからう。しかし、随分華やかな夢だったナア」。佐々元十の短評は、「嘗つて佐々元十の名はプロキノの名と共にわれわれをおそれしめたものであったが、と今になってあとをふり返る時何かしら淋しい気もする」。又々、世の風向きの変ったことが、書きぶりからもよく分かる。因みに、佐々元十の現所属は田中純一郎の「キネマ週報嘱託」となっている。


（たけだ・てつたろう）

桂木洋子の〝お兄様〟

詩人のミューズ

永井啓二郎

函館の詩人・小野連司の『あかほぎしでん』なるアヤシの本。奥付に版元・土曜詩学社、発行・地球社、の表示。造りが謄写版なのがアヤシさを増している（高度成長以前の詩集には有り勝ちだが）。中身はもっとアヤシく、「歯」に因んだ詩、短歌、エッセイ、文藝批評が細かい字でビッシリ三百ページ。全部が全部「歯」で埋め尽くされている。百均じゃなかったら拾わなかったろう。タイトルは義歯と義士のダブルミーニングで、忠臣蔵の話題もある。短歌を引いてみようか。

歯を入れにゆく道すがら逢ひし少女の微笑してその美しき歯を切に欲りせり

歯欠けしかば述ぶる「おめでとう」もかすかなり歯ぐきは墓地の湿りを帯びて

ちょっと怖い。しかし批評となると意外と見識があるのだ。『荒地』派への愛憎交々の姿勢、Ｔ・Ｓ・エリオットと比較しての永田助太郎批判など、時代（昭和26年刊）の空気も出ている。

或る日、この詩人の住む函館に、松竹スタア桂木洋子がやってくる。『夏子の冒険』のロケに来たのだ。たしかにアレは舞台が北海道。意外なところで映画史的証言が…と思って読み進めると…アレ？　若原雅夫は高橋貞二は角梨枝子は？　そしてスタッフは何処に居るの？　おまけに巡業に来た名寄岩御一行と田中冬二が同じ船でやってくる。「（名寄岩は）桂木洋子の顔を一目見んとて狂人の如く押し寄せる女学生達を張り手で張り倒し、上手投げで投げ飛ばして彼女の前に進み寄り『御注文の歯磨をお贈りする。この純白高貴の歯磨粉はアラビアの果実から採ったもので、腫れたはぐきを恢復し、食物の渣をとり、唇から微笑のこぼれる時に、貴方の魅力を失わせるようなことはない』と、詩人アピュレの書翰の中に在る文句をそのまま言って歯磨粉を渡し…」

そういうことか。このあと詩人は、桂木嬢、名寄岩、田中冬二を焼鳥屋に案内し談論風発…妄想、というよりは美貌のスタアが詩神となり彼の夢を紡いでいるのだ…詩人は熱を込めて、女優たちの運命を弄んだ「歯」について桂木嬢に語る。ＳＫＤスタア江戸川蘭子は八重歯のせいで映画では失敗した、Ｐ・Ｃ・Ｌ千葉早智子は矯正不能の歯列だったので総入歯にして成功した、松旭斎天勝は歯にダイヤを填め込み舞台効果を出した…云々。そして言う「洋子さんが自分の歯の詩が欲しくなったら僕に書かして下さい」…そして、いつしか洋子嬢に〝お兄様〟と呼ばれることになった詩人は『日本の悲劇』で彼女と共演するのだった。最後に、詩「洋子への手紙」の一部を引こう。

「僕の洋子／おまえは／砂の中からの桜貝／義歯は義子のように愛さなければ…／僕の義歯は貝で作られた可愛い妹」

（ながい・けいじろう）

cyganie(ジプシー)は聞き取れたので映画でもそう言っていたはず。

永井啓二郎　1961年生まれ。オレは『共犯者』あたりで、ヤバいなあ、アッチ側に取り込まれるぞ、って思ったんだが…。いまの御時世、劇場用作品がゴールデン街への入口になってるからなぁ。ファンは辛い。

永田哲朗　1931年生まれ。チャンバリスト。「殺陣」は時代劇愛好家必携の一冊。他に「日本映画人改名・別称事典」「日本劇映画総目録」(監修)「右翼・民族派組織総覧」(国書刊行会)など。

二階堂卓也　1947年生まれ。のっぺり顔のタレントばかりで〝映画俳優〟不在の世に愛想をつかし、映画が映画であった５０～７０年代の諸作をタンノウする日々。やっぱり、東映と日活だな。近著に「日本映画裏返史」(彩流社・刊)。

布村建　時折、漱石の「坊ちゃん」を読みかえす。あの世に持っていきたい一冊。映画では清への報告という形の山本嘉次郎が一番。あとはマドンナを勝手に登場させた駄作ばかり。漱石が見たら何と言っただろう。八四坊ちゃん。

沼崎肇　1956年生まれ。シャーリー・ナイトが亡くなって…『グループ』メンバーがまた一人…って反応する貴方はオジサンです。

長谷川康志　1978年横浜生まれ。双子座・AB型。酒豆忌（中川信夫監督を偲ぶ集い）実行委員。座右の銘「人間 いちばん あかん」（中川信夫）

東舎利樹　1966年生まれ。封切りから60年近い時を経た今年の7月に、山際永三監督『狂熱の果て』のDVDが発売予定です。大宝作品としては大島渚『飼育』以来となる久しぶりのソフト化で、僕も僅かですが協力させていただいています。

湯浅篤志　1958年生まれ。著書に『夢見る趣味の大正時代』、編著に『森下雨村探偵小説選』Ⅰ～Ⅲ（共に論創社）など。「『新青年』趣味」20号に、「映画「姿なき怪盗」をめぐるルパン映画」を書きました。

『映画論叢55号』の予告

鉄拳と剣戟にかけた男　ジミー・ウォング罷り通る　二階堂卓也
英国映画の職人　ラルフ・トーマス再評価　ダーティ工藤
シリーズ第二弾　岡本喜八未映画化作品を検証する　小関太一
映像の本質を追求　デジタル時代の映画の画面サイズ　内山一樹
『テキサス決死隊』　性格俳優ロイド・ノーラン　千葉豹一郎
●好評連載　布村建、奥薗守、最上敏信、浦崎浩實、飯田一雄

53号訂正
P 11キャプション　『日本人の勲章』→『ゴーストタウンの決斗』

執筆者紹介（五十音順）

飯田一雄　1936年生まれ。劇団にんげん座主宰。浅草軽演劇が駄菓子のように親しまれたエンコ（浅草六区）の風物を取材して七十年。劇場公演も今年は題して「素敵なあなた」。あいかわらずのドタバタナンセンスと思い出のレビューショウ。

浦崎浩實　1944年、外地の台北市生れと、往時、故・松田修氏に自己紹介した折、台湾は外地に非ず、内地です！　と断固言われ、以来、国文学者の言に従ってきたが、ちょっと自信が！　両者の線引きに、個人的歴史把握も是？

片山陽一　1974年生まれ。2月25日の歌舞伎座ギャラリー「ナウシカ歌舞伎夜話・中村芝のぶ」充実のトークに舞台写真のお土産まで。これが当面最後の生の夜話になろうとは。

小関太一　1964年生まれ。コロナ禍による映画館の休館。映画史始まって以来の産業の危機。新作を出せないこんな時こそ、残されたメディアで旧作の愉しさを伝えようと何故しない？　自社の財産の掘りおこしの絶好の機会なのに。

五野上力　1935年生まれ。俳優。劇団手織座、松竹演技研究生を経て61年東映東京入社。64年専属契約。初期は本名の斎藤力で出演。多くのアクション映画に助演した。

重政隆文　1952年大阪生まれ、大阪在住。茨木市先行公開で地元映画『葬式の名人』を見た。批評家が映画を撮るというのはヌーヴェル・ヴァーグの例もあるが、現代ではどういう意味をもつか、今、考えている。

瀬戸川宗太　1952年東京生まれ。映画評論家。幼い時（3歳）からテレビで映画を観るようになる。著書に「戦争映画館」「懐かしのアメリカＴＶ映画史」「懐かしのテレビ黄金時代：力道山、『月光仮面』から『11ＰＭ』まで」など。

世良利和　1957年出雲生れ、岡山在住。著書に『その映画に墓はない』『沖縄劇映画大全』『まぁ映画な、岡山じゃ県①〜③』（いしいひさいち共著）など。山陽新聞と琉球新報にシネマエッセイを連載中。座右の銘：懺悔の値打ちもない。

ダーティ工藤　1954年生まれ。監督・緊縛師・映画研究家。４、５月と都内映画館が全休になってしまったので、自宅待機で連日VHS、DVD、ネット、ケーブルTV等で映画鑑賞。だがその感想を直接会って話すことが出来ないのでストレスが溜まる。

武田鐵太郎　1932年生まれ。仙台在住。99年に新書版の小冊子「シネマ・アンソロジー」を私刊。

戸崎英一　1968年生まれ。昨年末ポーランド映画祭の『月曜日が嫌い』でどこかで聞いた曲が。日本でも戦前「夕かぜ」として江戸川蘭子が歌ったチェコが原曲のタンゴ「Cikánka」だと気がつく。ポーランドでは「Graj piękny cyganie」でヒットした曲だということ。字幕は花嫁の歌とかなっていたが、

◆**編輯後記にかえて**

疫病による映画館の閉鎖。10年前ならソコソコ辛かったろう。20年前なら禁断症状。30年前なら脳味噌パンクしてたのは間違いない。でも…ほとんどがデジタル化しちゃった現在、コンサート中止や本屋が閉まってるほどには痛くない。35ミリフィルム大絶滅のほうが、オレにはキツかったからネ。ビデオから出発したくせに「コヤがなくて辛い」とか言ってる業界人、笑わせるぜ。

ミシェル・ピッコリも遂に…彼氏、公開作も多いけど、自主上映の16ミリや映画祭なんかの未公開モノも入れたら、同時代で一番見かけたフランス俳優かも。いやJ・C・ブリアリかしら。なんらかのカタチで追悼したいと思ってます。

丹野達弥

映画論叢《えいがろんそう》 ㊾

2020年7月15日初版第1刷発行
定価［本体1000円＋税］

編輯　丹野達弥《たんのたつや》
発行　㈱国書刊行会
〒174-0056 東京都板橋区志村1-13-15
Tel.03(5970)7421　Fax.03(5970)7427
http://www.kokusho.co.jp
装幀　国書刊行会デザイン室＋小笠原史子（株式会社シーフォース）
印刷・製本　㈱エーヴィスシステムズ

ISBN 978-4-336-06678-7 C0374
